週末に行

小さな贅沢、

自分だけの旅。

ことりっぷ co-Trip

河口湖・山中湖
富士山・勝沼 へ

ようこそ。

旅にいいこと、ことりがそっと

おとどけします。

河口湖・山中湖に行ったら…

河口湖・山中湖に着きました。

さて、なにをしましょうか？

秀麗な世界遺産富士山を望む湖畔をのんびりおさんぽしたり、勝沼でワインを楽しんだりしましょう。

世界遺産の富士山の麓に広がる河口湖や山中湖は、湖畔周辺にミュージアムやカフェ、ショップがそろっています。バスや自転車でめぐってみましょう。名水の里・忍野《おしの》八海《はっかい》もおすすめ。勝沼周辺はぶどうとワインの町。ぶどうの丘にはワインがそろっています。

富士大石 ハナテラスでお茶したり、大石公園で花の遊歩道を歩いたりしましょう。P.19

check list

- □ 大石公園&富士大石 ハナテラス P.18
- □ 旅の駅 kawaguchiko base P.20
- □ 山梨県立富士山世界遺産センター P.42
- □ 富士吉田のパワースポットへ P.44
- □ 山中湖と富士山の絶景を眺める P.66
- □ 名水の里忍野八海めぐり P.74
- □ ぶどうの丘で遊ぶ P.84
- □ 石和温泉の宿へ P.90
- □

山中湖を優雅に泳ぐ遊覧船・山中湖の白鳥の湖。風に吹かれて富士山をのんびり眺めましょう。P.66

富士吉田にある北口本宮冨士浅間神社は、世界遺産にも登録されている荘厳な神社です。P.44

富士山と茅葺き民家のある風景は、初めてなのにどこか懐かしいです。ゆったり過ごしましょう。P.36

ワインの香りに包まれながら世界に認められた甲州ワインのおいしさにふれましょう。P.84

河口湖・山中湖に行ったら…

なにを食べましょうか？

ほうとうや吉田のうどん、ワインに合うおいしいごはん、旬のフルーツスイーツもおすすめ。

河口湖・山中湖畔は、湖越しに富士山が眺められるロケーションのいいお店がたくさん。名物の麺類も多く、山梨名物ほうとうや吉田のうどん、名水のそばが味わえます。勝沼周辺は特産のフルーツとワインがおいしいエリア。フルーツを使ったスイーツも評判です。

とびきりおいしい自家製かき氷など、河口湖の和スイーツも見逃せません。P.32

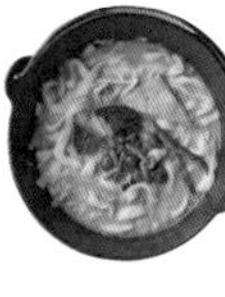

素材のおいしさを生かした農家手作りのぶどうスイーツは、見た目もワクワク。P.95

check list

- ☐ ミュージアムカフェ P.24
- ☐ 癒しのカフェ P.26·70
- ☐ とっておきのレストラン P.28
- ☐ ベーカリーカフェ P.30
- ☐ 極上の和スイーツ P.32
- ☐ 山梨名物ほうとう P.34
- ☐ 吉田のうどん＆名水そば P.54・76
- ☐ 石和温泉のカフェ P.91
- ☐ 旬のフルーツスイーツ P.96
- ☐

なにを買いましょうか？

富士山麓の素材を使った銘菓や手間を惜しまず作られたパン、芳醇なワインも手に入ります。

富士山麓の厳選素材や名水で作られたお菓子やパンをはじめ、職人が手掛けた上質のリネンや雑貨、富士山型のかわいいアイテムがそろっています。勝沼周辺では、特産のぶどうや桃のジャムなどの加工品、点在するワイナリーが醸す極上のワインをおみやげに。

富士山の形をしたキュートな和菓子など、食べるのがもったいないお菓子も。P.58

一生ものになりそうな上質なリネンを、富士吉田に探しに行きましょう。P.52

check list

- ☐ 地元の織物製品を買う P.46·52
- ☐ 雑貨のおみやげ P.56
- ☐ 富士山モチーフのおみやげ P.58
- ☐ 山中湖・忍野のおみやげ P.78
- ☐ ワイナリーでワイン探し P.88
- ☐ フルーツのおみやげ P.98
- ☐
- ☐

小さな旅のしおり

今週末、1泊2日で河口湖・山中湖へ

世界遺産に登録された富士山の玄関口、富士急行富士山駅へ到着したら1日めは忍野・山中湖方面へ。2日めは河口湖畔を散策します。ふじっ湖号や河口湖周遊バス、路線バスを使って上手にめぐりましょう。

自分で絞るモンブラン

1日め

9:20

富士急行富士山駅へ到着したら、ふじっ湖号で出発。

10:10

ふじさんミュージアムパーク P.62へ。博物館や古民家カフェで楽しみましょう。

11:15

ふじっ湖号で**忍野八海 P.74**へ。世界遺産の名水の里で８つの池をめぐるおさんぽを楽しみましょう。

12:50

ふじっ湖号で山中湖 旭日丘バスターミナルの隣にある**PICA山中湖 P.68**へ。**フジヤマキッチン**や**ハンモックカフェ P.68**でランチ。

※画像はイメージ

白鳥の湖の向こうには富士山♪

14:00

目の前の山中湖から発着する**山中湖の白鳥の湖 P.66**に乗船。優雅に山中湖をクルーズ。

お風呂から富士山が見えます

16:10

路線バスで河口湖駅へ向かい、駅から送迎バスで河口湖温泉の宿、**秀峰閣 湖月 P.61**へ。温泉でのんびり過ごしましょう。

2日め

富士山とラベンダーの
撮影スポットです

9:30

河口湖周遊バスで**大石公園** P.18へ。ラベンダーの開花時期はとくに人気。公園内の**河口湖自然生活館** P.18ではジャムも買えます。

12:05

フレンチレストランの**ロマラン** P.28で、野菜のおいしさが際立つランチをゆっくり味わいましょう。

10:30

隣接する**富士大石 ハナテラス** P.19へ。カフェでパフェを食べたり、雑貨店でおみやげを買ったりしましょう。

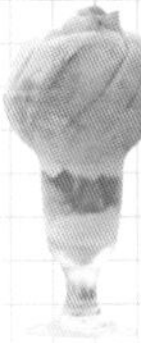

13:30

〜河口湖〜富士山パノラマロープウェイ P.22に乗って3分間の空中さんぽ。ハイキングコースもあります。

眺めは最高です♪

ふわふわの
シフォンケーキ

15:15

すぐ近くの**河口湖チーズケーキ・ガーデン** P.59でおみやげ探しとイートインで休憩。

16:15

河口湖周遊バスまたは徒歩で富士急行河口湖駅へ。**Gateway Fujiyama 河口湖駅店** P.56でおみやげを買って帰りましょう。

小さな旅のしおり

今週末、日帰りで勝沼へ

勝沼ぶどう郷駅からワイナリーをめぐり、お気に入りの1本を探してみましょう。ぶどう狩りや桃狩りも楽しんで。

9:50

JR勝沼ぶどう郷駅に到着したらタクシーで移動。勝沼の移動はタクシーや甲州市民バス、徒歩で効率よく回りましょう。

10:00

シャトー・メルシャン 勝沼ワイナリー P.88でワインの歴史を学ぶツアーに参加すると試飲も楽しめます。予約を忘れずに。詳細は問い合わせを。

12:00

勝沼には**フルーツ狩り** P.92ができる農園がたくさん。収穫を楽しみましょう。

13:30

甲州ワインと料理のマリアージュ

予約を入れた勝沼醸造直営の**レストランテ風 アルガ葡萄園直営** P.86で贅沢なランチタイム。

15:30

地元のフルーツがたっぷり

まち案内&Cafe つぐら舎 P.97で、桃などのパンケーキを食べながらまったり。

16:10

勝沼のシンボル・**ぶどうの丘** P.84へ。ワインカーヴや売店があるのでおみやげはここで。

17:30

甲州市民バスで勝沼ぶどう郷駅へ。JR中央本線で帰りましょう。1泊するなら**石和温泉** P.90がおすすめ。

私の旅の
しおり

プランづくりのコツ

河口湖・山中湖エリアは起点が分かれているので、1日めは山中湖を周遊し、その日に河口湖まで移動して宿泊すると次の日が有効に使えます。河口湖周遊には周遊バスが便利。1泊2日ならエリア周遊フリークーポンがお得で効率的です。

1日め

富士山駅
↓
ふじさんミュージアムパークを散策
↓
忍野八海でおさんぽ
↓
PICA山中湖でランチ
↓
山中湖で遊覧船に乗る
↓
河口湖温泉にお泊まり

2日め

大石公園を散策
↓
富士大石 ハナテラスでゆっくり
↓
野菜のおいしいフレンチ
↓
~河口湖~富士山パノラマロープウェイ
↓
湖畔でおみやげ探し
↓
河口湖駅

日帰り

勝沼ぶどう郷駅
↓
ワイナリー見学ツアーに参加
↓
農園でフルーツ狩り
↓
ワイナリー直営の
レストランで極上ランチ
↓
おしゃれなカフェでまったり
↓
ぶどうの丘でおみやげ探し
↓
勝沼ぶどう郷駅

my memo

富士山の四季を告げる
風景を探しに

1

春

桜の開花とともに始まる春。
富士山に桜という日本らしい風景に
心がワクワクしてきます。

2

3

4

■1富士本栖湖リゾートで4月中旬から 5月下旬に開催される「富士芝桜まつり」。約50万株の色とりどりの芝桜が辺り一面を埋め尽くす様子は圧巻。MAP付録④ A-3 ■2しだれ桜と茅葺き屋根の民家、富士山という日本の原風景が見られる「西湖いやしの里 根場」P.36 ■3「三ッ峠」はさまざまな高山植物が自生している標高1785mの山。5月下旬から6月初旬にはアヤメやツツジと富士山の競演が楽しめる。MAP付録④ B-2 ■4「山中湖 花の都公園」は四季折々の花が咲く人気スポット。4月下旬から5月上旬にはチューリップが花畑を彩り、春の訪れを告げる。P.80

1

夏

雪がとけ、夏の装いに変わっていく青富士と
鮮やかな花のコントラストも素敵です。

2

3

■1「大石公園」P.18は、富士山とラベンダーが見られる名所。開花する6月下旬から7月中旬にかけてはハーブフェスティバルが開催される
■2「山中湖 花の都公園」で7月中旬から10月中旬と長く楽しめる、大輪ダリヤ咲きの百日草(ジニア)。P.80
■3「天上山公園」へ向かう遊歩道沿いに、10万本のアジサイが咲く群生地が広がっている。MAP付録① D-4

赤や黄色と色鮮やかに染まる木々。
青空に映える紅葉と富士山も
心が躍るコラボレーションです。

秋

1「大石公園」P.18では赤く紅葉したかわいらしいコキアがみられる 2河口湖北岸を通る「湖北ビューライン」。11月上旬から中旬にかけて紅葉のトンネルが迎えてくれる。MAP付録① B-2 3 11月上旬から下旬に開催される「富士河口湖紅葉まつり」。「もみじ回廊」では60本の古木もみじをライトアップ。MAP付録① D-1 4 8月下旬から10月中旬に「山中湖 花の都公園」P.80をオレンジ色に染めるのは黄花コスモスの花畑

冬

空気が澄んで、静かな時間が流れる季節。
雪を頂いた荘厳な富士山に見とれてしまいます。

1眼下に河口湖を望む絶景地「御坂峠」。富士山と樹氷はみごと。MAP付録④ B-2 2 1月下旬から2月中旬に行われる「西湖こおりまつり」。夜にはライトアップもされる。MAP付録④ A-2 3 1月中旬から2月中旬に開催される河口湖の冬の風物詩「河口湖冬花火」。天候が良ければ暗闇に浮かびあがる富士山が見える。MAP付録① D-3 4ダイヤモンド富士が見やすいといわれる2月上旬から下旬に「山中湖DIAMOND FUJI WEEKS」を開催。写真の場所はMAP付録③ D-3

桜や紅葉の見頃や、祭りの開催時期は、気候状況等によって変わることがあります。事前に確認してからお出かけください。

ことりっぷ co-Trip 河口湖・山中湖 富士山・勝沼

CONTENTS

長野県
埼玉県
山梨県
東京都
神奈川県
静岡県
諏訪
長坂
金峰山
雲取山
奥多摩湖
須玉
韮崎
双葉Jct
釜無川
勝沼
一宮御坂
甲府昭和
白根
南アルプス
甲府南
増穂
甲府盆地
河口湖
西湖
精進湖
本栖湖
六郷
下部温泉早川
富士吉田
忍野
山中湖
富士山
大月Jct
大月
都留
上野原
相模湖
八王子Jct
八王子
高尾山
国立府中
調布
東京
高井戸
練馬
美女木Jct
川口
中央自動車道
中央本線
富士急行
相模原
相模原愛川
圏央厚木
厚木
横浜町田
横浜青葉
東名川崎
東京国際空港
新秦野
大井松田
秦野中井
寒川北
寒川南
東海道新幹線
東海道本線
新御殿場
御殿場
御殿場Jct
裾野
芦ノ湖
長泉沼津
沼津
新富士
富士
新東名高速道路
南部
身延線
富沢
新清水
清水Jct
清水
浜松
静岡
相模湾
相模灘
東京湾
駿河湾
修善寺
伊豆急行
伊豆大島
石廊崎
西武秩父線
八高線
高崎線

霊峰・富士山を取り巻く
美しい景色は
たくさんの色にあふれています。

河口湖・西湖
富士吉田

多くの観光客でにぎわう河口湖。
周辺では裾野を広げた美しい富士山が
いたるところから眺められます。
湖畔には美術館や宿泊施設が点在し、
かわいいカフェでひと休みするのもおすすめです。
地元素材にこだわったグルメを味わえば、
富士山のパワーももらえそうです。

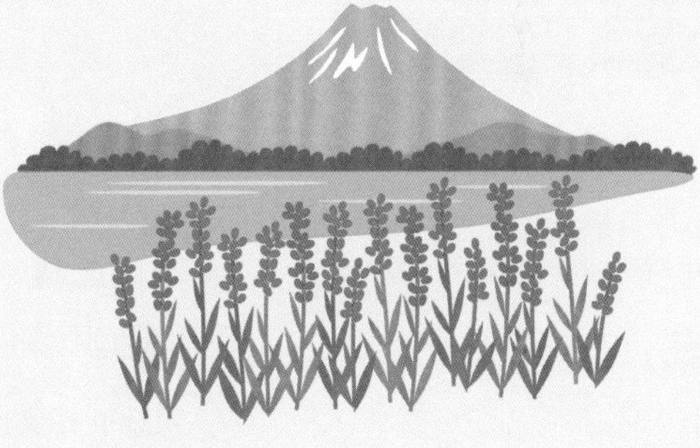

河口湖・西湖・富士吉田をさくっと紹介します

**富士山の山梨県側玄関口ともいえるエリア。
周辺には観光施設や飲食店、宿泊施設が充実し、
四季折々に表情を変える富士山が楽しめます。**

旅の支度をととのえる＆現地お役立ちミニ情報

現地で最新情報を入手

河口湖・富士山両駅には隣接して観光案内所があります。当日の最新情報はココで入手しましょう。変わりやすい富士山の天候も要チェック。

コインロッカーに注意

河口湖・富士山両駅の改札外にありますが、埋まっていることも多いです。

周遊バスをうまく利用しましょう

河口湖駅発着で、河口湖東岸・北岸へ向かう「河口湖周遊バス」と、河口湖南岸を経由して西湖方面へ向かう「西湖周遊バス」が運行。運賃180円～（区間により異なる）。
☎0555-72-6877
（富士急バス）

河口湖周遊バス

河口湖はもちろん、「～河口湖～富士山パノラマロープウェイ」「河口湖遊覧船」「河口湖 音楽と森の美術館」「河口湖美術館」などの観光施設をめぐる便利なバスです。1日間乗り降り自由の「河口湖・西湖・本栖湖周遊フリークーポン」は、河口湖駅バスきっぷ売り場で購入できて1500円。時刻表は富士急バス公式HPで確認を。

西湖周遊バス

「西湖コウモリ穴」や「富岳風穴」などへ乗り換えなしで行けます。上記の「河口湖・西湖・本栖湖周遊フリークーポン」が利用できます。時刻表は富士急バス公式HPで確認を。
※ほかに、鳴沢・精進湖・本栖湖周遊バスも運行しています。

原生林に囲まれ
豊かな自然が広がる
西湖《さいこ》
P.36
湖畔にはキャンプ場が多く、青木ヶ原樹海に代表される原生林が広がっている。

ひと足のばして
精進湖《しょうじこ》・本栖湖《もとすこ》
精進湖は富士五湖でもっとも小さな湖で、本栖湖は千円札の図案にも使用されている美しい湖。

瑠璃色の美しい湖・本栖湖

観光案内所リスト

富士河口湖観光総合案内所（河口湖駅脇）
☎0555-72-6700

富士吉田市観光案内所（富士山駅前）
下吉田観光案内所（本町二丁目交差点前）

名所が点在する
レイクリゾート

河口湖《かわぐちこ》 P.18

観光施設や飲食店、宿などが集まり、富士五湖でいちばんにぎやかな湖。

富士山麓に広がる
富士信仰の街

富士吉田《ふじよしだ》 P.44

北口本宮冨士浅間神社を中心に、富士信仰の歴史が息づく。吉田のうどんが名物。

路地裏歩きが
楽しめる

西裏地区《にしうらちく》 P.48

懐かしい風景が今も残る富士吉田の西裏地区。カフェでまったりもおすすめ。

富士急行富士山駅は、富士山観光のターミナル駅として便利です。

富士山と湖畔に咲く花々にうっとり
大石公園&富士大石 ハナテラスへ

**河口湖でぜひ訪れたいのが、北岸に広がるラベンダーの名所・大石公園と
隣接するグルメ&ショッピング施設の富士大石 ハナテラス。
湖と花と富士山が競演するフォトジェニックな風景が広がっています。**

1約3000株のラベンダーと富士山 2 5月から秋まで150種類のバラが咲き競う 3河口湖自然生活館の新館2階に造られたカフェ併設の展望ラウンジ。パノラマビューの窓からは富士山と河口湖、ガーデンを一望 4秋は紅葉したかわいいコキアが見られる 5河口湖自然生活館内の工房で販売しているてづくりジャム600g・1600円、140g・550円。予約制でジャム作り体験もできる

富士山と河口湖を彩る花々に癒やされる公園

大石公園/河口湖自然生活館

おおいしこうえん/かわぐちこしぜんせいかつかん

ラベンダーの開花に合わせて、6月下旬から7月中旬に開催される「河口湖ハーブフェスティバル」のメイン会場の公園。春から秋にかけてバラなど90種類以上の花々が咲くので歩くのも楽しい。園内の河口湖自然生活館にはショップとカフェがあり、休憩にぴったり。2階にある展望ラウンジからの絶景もチェックして。

公園・雑貨・カフェ

☎0555-76-8230(河口湖自然生活館) 住富士河口湖町大石2585 時大石公園は入園自由、河口湖自然生活館は9:00~17:45(11~2月は~17:15)、OISHI PARK CAFEは9:30~16:45(11~2月は~16:15) 休無休 Pあり 交バス停河口湖自然生活館からすぐ MAP付録① C-1/B-1

OISHI PARK CAFEで人気のブルーベリーとバニラのミックス500円。甘酸っぱいブルーベリーがマッチ

アートやオブジェも楽しみましょう

富士大石 ハナテラスには石畳に果物のマークがあったり、アート作品があったり、隠れオブジェがあちこちに。探してみましょう。

1地元の女性ガーデナーが手がけたナチュラルガーデンには小川も流れている 2河口湖もすぐそばに。富士山も庭から眺められる 37月上旬から8月20日前後ごろに登場する葡萄屋kofu ハナテラスcaféP.26の桃のパフェ 1672円

心なごむ空間でショップめぐり

富士大石 ハナテラス

ふじおおいしハナテラス

山梨県ゆかりのカフェや雑貨店など9つのショップが集まり、グルメやショッピングが楽しめる施設。花が咲く遊歩道沿いに蔵をモチーフにした白壁の建物が集落のように建っているので、散策気分でショップめぐりを楽しんで。

複合施設 ☎0555-72-9110(□○堂 富士大石) 住富士河口湖町大石1477-1 時店舗により異なる 休無休(富士桜工房は水曜休) Pあり バス停河口湖自然生活館からすぐ MAP付録① B-1

ハナテラスの
カフェでひと休み＆おみやげ探し

花に包まれた和カフェでひと息

HanaCafe Kikyou ハナカフェキキョウ

桔梗信玄餅で知られる桔梗屋の直営カフェ。桔梗信玄餅などをトッピングしたテイクアウトの和スイーツが味わえ、桔梗屋のおみやげもそろう。店内はドライフラワーがたくさん飾られ、優しい時間が流れている。

カフェ ☎0555-28-5228 時9:30〜17:00(季節により変動あり) 休無休

1カフェのドライフラワーは直営の生花店が手がけたもの 2桔梗信玄餅と桔梗信玄棒をトッピングした桔梗信玄ソフト＋540円

柔らかなストールが評判

富士桜工房 ふじざくらこうぼう

西桂町にある老舗の織物工場、山崎織物のブランド「富士桜工房」の直営店。日本の伝統色で織ったウール100%のストール「KASANE」や、"とにかく軽い"ストール「とにかる」が人気。

雑貨 ☎0555-72-8788 時10:00〜17:00(季節により変動あり) 休水曜

1桜をモチーフにした柄が素敵ながま口各1430円 2初秋から春先に重宝するウールガーゼの2色ストールKASANE 9900円 3わんちゃん柄などオリジナルの小物やネクタイなどが並ぶ

富士大石 ハナテラスには、葡萄屋kofu ハナテラスcaféP.26や、めでたや河口湖店P.56もあります。チェックしてみて。

地産グルメや雑貨、ワインがそろう 旅の駅 kawaguchiko base へ

自然豊かな山景色と調和するようにたたずむ「旅の駅 kawaguchiko base」。この地域ならではの食事やおみやげ探しにぴったりな複合施設です。隣には河口湖初のワイナリーも誕生し、魅力的なスポットになっています。

観光客でにぎわう河口湖の複合施設

旅の駅 kawaguchiko base

たびのえきカワグチコベイス

4000坪もの広大な敷地の旅の駅には、新鮮な地元野菜やプライベートブランドの商品などをそろえたマルシェや、地産食材にこだわった創作料理が楽しめるレストランがある。隣接するワイナリー「7c | seven cedars winery」が運営する別棟のヴィラ&ショップ「7c villa & winery」では宿泊ができる。

☎0555-72-9955 ⌂富士河口湖町河口521-4 ⏰9:30～17:30（施設・季節・曜日により変動あり）休無休（冬季臨時休あり）Pあり 👣バス停音楽と森の美術館／ほとりのホテルBanから徒歩10分 MAP付録④ B-2

1あさま市場には新鮮な産直商品をはじめ、オリジナルブランド「MEGU」のコーナーや日本逸品コーナー、山梨セレクションコーナーもあり、上質なおみやげも探しやすい 2スタイリッシュな雰囲気の建物 3季節のフルーツをふんだんに使った旅の駅オリジナルのおひさまゼリー 500円～。パティシエが毎日手作りしている

ランチにぴったりの
地産レストラン

テラスキッチン

甲州牛や富士桜ポーク、信玄鶏、地元野菜、ほうとうなど山梨県の食材を使った創作料理がそろう。なかでも旅の駅御膳は、ふんだんに山梨の食材が盛り込まれた一品。クレームブリュレや季節限定のフロートなどスイーツも充実。

⏰グランドメニュー 10:30～15:30（冬季は～14:30）、テイクアウト9:30～16:30（冬季は～15:30）※曜日により異なる

1伝説のかっぱ飯1480円。河口湖に伝わるかっぱ伝説をモチーフにしたかわいらしい顔の和風メニュー 2天気のいい日は自然を眺められるテラス席が気持ちいい 3山梨ワインの味わいが楽しめる甘酸っぱいワインソフト480円。ノンアルコールなのでドライバーもOK

河口湖初のワイナリーが誕生

2022年に誕生した「7c | seven cedars winery」は“ぶどう栽培者に光を当てたワイン造り”がコンセプト。栽培者の個性が光るような表情豊かなワインが味わえます。

おみやげ選びに
迷いそうな品ぞろえ

あさま市場

あさまいちば

2000品目を超える県産食材や食品をそろえる市場。産地直売コーナーをはじめ、富士吉田市の人気ベーカリーの焼きたてパン、オリジナルブランドのお菓子や調味料、サステナブルな雑貨を扱うセレクトショップなどもあり、バラエティ豊か。

🕒9:30〜17:30（冬季は〜16:30）

オリジナルブランド
「MEGU」にも注目を

旅する濃厚チーズクッキー 1280円。黒胡椒とチーズの塩味はほんのり甘いクッキーと相性抜群

「PLANET & ME」ではヴィーガンネイルブランドのネイルカラーも販売

1 地元の100軒以上の契約農家から届く、採れたての旬の野菜やフルーツがずらり 2「saint cloud」が運営するベーカリーには、約70種類のパンが並ぶ

1 自然やワインと親しみながら、別荘のようにくつろげる日本初のワイナリーヴィラ 2 山梨のさまざまなぶどう品種で醸造した7cワイン 3 竹炭を使った黒い7cソフトクリーム650円。テイクアウトコーナーで販売 4 黒を基調としたシックなラウンジ。大人の空間で料理とワインを

上質なワインを堪能できる
ワイナリーヴィラ

7c villa & winery

セブンシーヴィラアンドワイナリー

「7c | seven cedars winery」の宿泊施設。2024年夏にグランドオープンするヴィラでは、河口湖初のワイナリーで醸造したオリジナルワインを、ぶどう畑を眺めながらゆっくり楽しめる。宿泊者専用ラウンジでは、極上の肉料理や地産食材の料理も味わえる。ワイナリーショップも併設。

☎0555-25-7668 住富士河口湖町河口512-2 🕒HPで要確認 休無休 Pあり
‼バス停音楽と森の美術館／ほとりのホテルBanから徒歩10分 MAP付録④ B-2

敷地内には精肉店が運営する「Grill USHIOKU」があり、ハンバーグやステーキが味わえますよ。甲州牛メンチカツも人気です。

景色を楽しんだり、アートを眺めたり 河口湖畔の楽しみ方

**観光スポットが充実し、富士五湖でもっともにぎわう河口湖。
富士山を眺める絶景スポットや、個性的な美術館が点在しています。
爽やかな河口湖畔でゆっくり楽しんでみませんか。**

1たぬき茶屋の展望台からは雄大な富士山が裾野まで見渡せる。広場の展望台にはハート形の天上の鐘も設置されている 2河口湖を一望できるロープウェイ 3広場にあるウサギのご神体を祀ったうさぎ神社

富士山や河口湖を見晴らす天上山へ空中さんぽ

～河口湖～富士山パノラマロープウェイ

かわぐちこふじさんパノラマロープウェイ

河口湖畔と標高1075mの天上山の富士見台駅を3分で結ぶロープウェイは、眼下に広がる河口湖の絶景が満喫できる。園内には眺望ポイントが3か所あり、富士山の大パノラマが楽しめる。

ロープウェイ ☎0555-72-0363 ⌂富士河口湖町浅川1163-1
🕘9:00～17:00（季節により変動あり） 休無休（悪天候により運休あり）
¥往復1000円 Pなし
👣バス停遊覧船・ロープウェイ入口からすぐ MAP付録① D-4

炭火で焼き上げた名物のたぬき団子400円

「カチカチ山」にちなんでタヌキとウサギのモチーフがあちこちに

徒歩3分の武田信玄の戦国広場絶景やぐらからの眺めもみごと

こちらもおすすめ

河口湖遊覧船「天晴」

かわぐちこゆうらんせんあっぱれ

河口湖を一周する遊覧船は、甲斐武田軍に属していた「水軍」の安宅船をモチーフにした和風船。船津浜を30分間隔で出航し、遊覧時間は一周約20分。

遊覧船 ☎0555-72-0029（富士五湖汽船） ⌂富士河口湖町船津4034 🕘9:00～16:30（GW、夏休み、冬季は変更あり） 休悪天候、点検期間 ¥1000円 Pあり 👣富士急行河口湖駅から徒歩10分 MAP付録① D-3

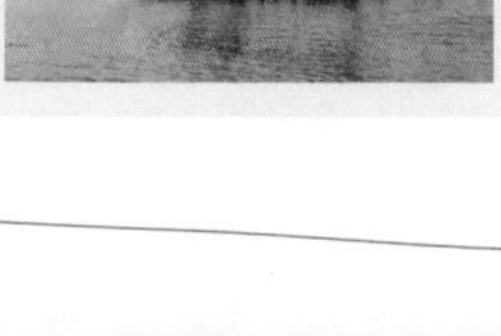

武田軍のような気分になれる船。展望デッキから富士山を眺めることもできる

昔話「カチカチ山」の舞台？

天上山はウサギがタヌキをこらしめる昔話「カチカチ山」の舞台となった場所といわれています。河口湖は泥舟が沈んだ場所とも。

1ヨーロッパを旅しているような気分 2100年ほど前に造られた自動オルガンを集めたオルガンホール。幅13mのダンスオルガンが見どころ 36月には720品種ものバラが咲く庭も

時を超えた
優雅な演奏にうっとり

河口湖 音楽と森の美術館

かわぐちこおんがくともりのびじゅつかん

富士山を望むヨーロッパ風の街並みの中で、アンティークオルゴールや自動演奏楽器が奏でる音を楽しめる美術館。なかでも世界最大級のダンスオルガンが人気。森のレストランP.24やカフェで料理も味わえる。

美術館 ☎0555-20-4111 住富士河口湖町河口3077-20 ⏰10:00～17:00 休火・水曜 ¥1800円（土・日曜、祝日は2100円、ハイシーズン料金あり） Pあり バス停河口湖音楽と森の美術館からすぐ MAP付録① D-1

園内のカフェで味わえる美フレッシュ600円。パインとキウイのスムージーは美肌をサポート

久保田一竹の色に
染め上げげた世界を体感

久保田一竹美術館

くぼたいっちくびじゅつかん

幻の紋様染、辻が花を「一竹辻が花」として蘇らせた久保田一竹の作品が鑑賞できる美術館。四季の移ろいが楽しめるアートな庭も一竹の世界観を表現している。本館の茶房では抹茶やスイーツがいただける。

美術館 ☎0555-76-8811 住富士河口湖町河口2255 ⏰10:00～16:30（12～3月は～16:00） 休HPで要確認 ¥1500円 Pあり バス停久保田一竹美術館からすぐ MAP付録① C-1

116本のヒバの大黒柱を使って組んだピラミッド型の本館作品展示室。一竹のライフワーク「光響」の連作をはじめ、繊細で美しい作品が展示されている 2琉球石灰岩を使った斬新なデザインの新館。一竹が収集したとんぼ玉ギャラリーを併設

河口湖 音楽と森の美術館のショップには、おみやげにぴったりなオルゴールから高級なアンティークオルゴールまでそろっています。

河口湖畔のミュージアムカフェでまったりくつろぐ

ミュージアムを鑑賞したあとは、併設のカフェでティータイムを。
それぞれの世界観と一体になった空間を楽しみながら、ひと息つきましょう。
ミュージアムによってはカフェだけの利用もできますよ。

1

4

5

2

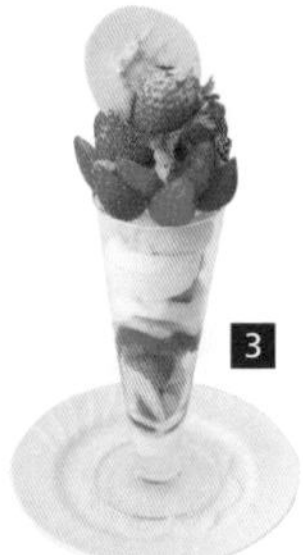
3

6

絶景の富士を望むテラスで優雅なひとときを

森のレストラン もりのレストラン

中世ヨーロッパの城を模した河口湖 音楽と森の美術館P.23内にある、オープンテラスが広がるカフェ。美しい庭園を眺めながらおいしい料理やデザートを味わい、和みのひとときが過ごせる。季節によって変わるパフェや、レストランのシェフが地産の素材を使って作る、見た目にも美しい創作ランチがおすすめ。

☎0555-20-4111（河口湖 音楽と森の美術館）住富士河口湖町河口3077-20 河口湖 音楽と森の美術館内 ⏰10:00～16:30 休火・水曜（季節により変動あり）🚶バス停河口湖 音楽と森の美術館からすぐ MAP付録① D-1

1雄大な富士山と美しい庭園を望む感動テラス 2庭園には四季折々の花々が咲き誇る 3美しい庭園を眺めながらティータイム。季節のパフェが人気 4中世ヨーロッパの雰囲気が漂う館内の建物 5ランチの国産牛ランプポルト酒風味の赤ワインソース 6牛ほほ肉のビーフシチューと富士山麓もみじ卵のオムライス。オムライスはふわとろ食感

多くの美術館が点在する河口湖畔

久保田一竹美術館P.23や河口湖ミューズ館・与勇輝（あたえゆうき）館にもカフェが併設されていますよ。

1オリジナルのソースを使ったデミグラス鉄板ハンバーグ1950円 2天気の良い日にはぜひテラス席で。ペット連れも利用可 3高台にある店内からは河口湖を見渡せる

河口湖を見下ろす眺めのよいテラスでなごむ

Happy Days Cafe ハッピーデイズカフェ

ブリキのおもちゃコレクター・北原照久氏のミュージアム「Happy Days」に併設のカフェ。富士山と湖畔の眺めを楽しめるほか、店内にはかわいいおもちゃも飾られている。カレーやパスタ、デザートなど豊富なメニューを用意。

☎0555-83-3321 住富士河口湖町小立1204-2 時11:00～16:00 休不定休 Pあり 交バス停河口湖ハーブ館からすぐ MAP付録① D-3

1トンガリ屋根のメルヘンチックな建物の向こうには富士山が 2奥はいちごパフェ 864円、手前はオルソンさんのケーキセット972円 3落ち着けるレトロモダンな雰囲気の店内

童話の世界で楽しむイチゴの甘いデザート

オルソンさんのいちご

河口湖木ノ花美術館にあるレトロモダンな雰囲気のカフェ。落ち着いた石造りのバーカウンターやビビッドな赤と黒の色使いが大人の空間を演出する。厳選して仕入れたイチゴを使用したスイーツが楽しめる。

☎0555-76-6789（河口湖木ノ花美術館） 住富士河口湖町河口3026-1 河口湖木ノ花美術館内 時10:00～16:30（12～2月は変更あり） 休不定休 Pあり 交バス停猿まわし劇場・木ノ花美術館からすぐ MAP付録① D-1

森のレストランではランチを堪能しながら演奏を楽しめる、ランチタイムコンサートを連日開催しています。

とびきりのスイーツで優雅に過ごすティータイム

清々しい空気に包まれた河口湖畔には、おいしくて素敵なカフェがたくさん。山梨産のフルーツがたっぷり盛られたパフェや、ふわとろのパンケーキなど、目も心も満たされるスイーツをいただきながら、ゆっくり過ごしませんか。

1

2

3

4

1 8月中旬から10月まで楽しめる甘くてジューシーなシャインマスカットパフェ1815円 2 11月中旬ごろから6月はいちごパフェ 1890円が登場 3 河口湖畔の富士大石 ハナテラスP.19内にあるカフェ 4 山梨県産のワインに使われるブドウ品種で作ったブドージュース各2700円。カフェでも味わえる

季節のフルーツプレート桃2950円。ボリューム満点の季節のフルーツプレートは2～3人でシェアしたい。要予約

おみやげにぴったりのレーズンサンドは全6種類。大粒の巨峰が3粒入っているラムレーズンサンド270円が人気

フルーツ専門カフェで味わう極上パフェ

葡萄屋kofu ハナテラスcafé

ぶどうやコウフハナテラスカフェ

山梨県のフルーツを使った加工品専門店「葡萄屋kofu」が営むカフェ。人気メニューの季節のフルーツパフェは、山梨県産を基本に、目利きが選んだ桃やシャインマスカット、いちごの旬のパフェが楽しめる。果物をピューレにして作ったフルーツソフトもぜひ味わって。

0555-72-8180 富士河口湖町大石1477-1 富士大石 ハナテラスD棟 10:00～17:00（カフェは～16:00、季節により変動あり） 休 不定休 P あり バス停河口湖自然生活館からすぐ MAP 付録① B-1

河口湖畔の富士山撮影スポット

Café Mimiのそばの遊歩道は、春は桜並木、夏は緑、秋は紅葉、冬は雪景色と、富士山との撮影スポットにもなっています。

白亜の洋館でデザートを

Café Mimi

カフェミミ

遊歩道をはさんで、目の前に河口湖と富士山が見える絶景カフェ。白い洋館の庭にあるガーデン席や店内で、海外の別荘にいるような気分でランチやスイーツがいただける。フルーツティーやホットサンド2200円がおすすめ。

☎0555-76-6669 ⌂富士河口湖町河口3033 ⏰10:00 ～ 17:00 休水曜 Pあり 🚶バス停猿まわし劇場・木の花美術館から徒歩3分 MAP付録① D-1

1 真夜中の河口湖2200円。旬のフルーツや自家製アイス、ガトーショコラで夜の河口湖のきらめきを表現 2 手入れされた素敵なお庭を眺めながら、旬のフルーツがたくさん入ったフルーツティー 2600円を 3 正面にたたずむのは富士山

ふわとろのパンケーキを

富士山パンケーキ

ふじさんパンケーキ

富士山溶岩窯で焼き上げる料理とスイーツが評判。なかでも人気なのがパンケーキ。溶岩の遠赤外線効果で必要な水分が蒸発しないことから、ふわとろ食感のパンケーキになる。看板メニューの富士山パンケーキなど種類も豊富。

☎0555-28-5310 ⌂富士河口湖町船津6832 THE NOBORISAKA HOTEL新館1F ⏰11:00～17:00（土・日曜、祝日は10:00～19:00） 休無休 Pあり 🚶富士急行河口湖駅から徒歩20分 MAP付録④ B-2

1 野菜とフルーツ、数種類のスパイスを使ったオリジナルの富士山欧風カレー1298円も人気 2 海外のようなしゃれた雰囲気の店内 3 THE NOBORISAKA HOTELにあるレストラン 4 チーズの風味豊かな名物の富士山パンケーキ1298円

オフシーズンですが、雪が降り積もった冬の富士山はどのカフェオーナーも絶賛している風景なのでおすすめです。

おいしい時間を約束してくれる
河口湖のとっておきレストラン

**リゾート気分を味わうなら、料理やお店の雰囲気もこだわりたいもの。
旅をさらに盛り上げてくれるすてきなレストランをセレクトしました。
ちょっぴり贅沢なフレンチやイタリアンをいただきましょう。**

オーナーシェフみずから育てた
無農薬野菜で仕上げる至福の一皿

ロマラン

1000坪の畑を持ち、シェフ自身が食材に使いたい野菜を無農薬で育てているフレンチレストラン。100種類以上栽培し、野菜を知り尽くしたシェフの料理は創造的。確かな腕で作られる肉や魚料理も奥深い味わい。

フレンチ　0555-73-3717
富士河口湖町船津6713-73
11:30～14:30、18:30～21:00（夜はコースのみの予約制）
休 水曜　P あり　バス停河口湖ハーブ館から徒歩3分
MAP 付録① C-3

1 落ち着いた雰囲気の店内　2 アップルパイに栗のアイスを添えて　3 4種類からメインを選ぶランチは1650円。写真はハーフチキンのマスタード焼き

イタリア製の薪窯で焼き上げる
本格ピッツアを楽しんで

RICETTA リチェッタ

緑に囲まれたトラットリア・ピッツェリア。イタリア製の薪窯で焼くピッツアが評判。外はパリッと、中はもっちりした生地がおいしい。パスタのほか、季節の地物野菜、肉、魚を使った本格イタリアンが堪能できる。

イタリアン　0555-72-3541
富士河口湖町勝山2861-1　3月中旬～1月上旬、11:30～14:00、17:30～20:00（日曜は～19:00、月・火曜はランチのみ）休 期間中水曜　P あり　富士急行河口湖駅から車で10分　MAP 付録④ B-3

1 シックな雰囲気の店内　2 季節のデザートは550円～　3 イタリアンカラーに彩られた薪窯で焼く人気のフレッシュモッツァレーラ（トマト&バジル）2200円

あなたはどちらのレストラン派？

富士山を望むテラスのあるレストラン派？ それとも、静けさを求めた隠れ家レストラン派？ 河口湖周辺のレストラン選びのポイントです。

味わいも雰囲気もまるで
フランスの小さな食堂

キャフェ ドゥ ブローニュ

アットホームなフレンチレストラン。厳選した食材を使った料理は、フランスの人たちが毎日食べているような、シンプルで飽きのこない本場の味わい。パンやケーキも自家製。ティータイムはテラス席でも楽しめる。

フレンチ ☎0555-73-3236 富士河口湖町船津5521-2 10:00～21:00(日曜は12:00～) 休 水曜、第3火曜(8月は第3火曜営業) P あり 富士急行河口湖駅から車で10分 MAP 付録④ B-3

1 気持ちのいいテラス席も 2 ディナーセットのメインディッシュ、合鴨のロースト 赤ワインソース4800円 3 数種類から選べるお昼の定食1500円～

普段使いできる
気軽に楽しむフレンチ

CUISINE R キュイジーヌアール

落ち着いた雰囲気の隠れ家的フレンチレストラン。アラカルトとコース料理が味わえる。コース料理は8000円～（要予約）。ランチは4名以上で土・日曜のみの予約営業。3500円のおまかせ（要予約）がおすすめ。

フレンチ ☎0555-72-8776 富士河口湖町船津288-1 大橋通テナント 2F 12:00～14:00(ランチは土・日曜のみ、要予約)、18:00～23:00 休 水曜、月1回連休あり P あり バス停大木からすぐ MAP 付録① C-3

1 大人の雰囲気漂う店内 2 コース料理の一品、帆立のソテー ニンニクの泡 3 和牛ランプ（イチボ）のステーキ ケッパー入り赤ワインソース3960円（写真は半量）

ゆったり味わってほしいとの思いから、河口湖にはコースメニューのみ提供のレストランが多いです。

焼きたてのパンを楽しむ ベーカリーカフェ

旅先でも香りにつられてふらりと立ち寄りたくなるのがパン屋さん。
職人が作る本格的なパンはどれもおいしそうなものばかり。
焼きたてをその場で味わえるベーカリーカフェへでかけませんか。

酒種あんぱん180円。米麹から起こした酵母で作ったあんぱんはほんのりお酒の香りがする

ナッツショコラ330円。クルミとホワイトチョコレートが入った人気パン

熟成600円。熟成種を起こし、数日間かけて作った全粒粉パンは甘みがある

1テラス席が特等席。中庭にはクマや犬など可愛いチェーンソーアートも 2起伏のある白壁はスペイン風の洞くつをイメージ。丸窓からは富士山が見える 3窓側にはカウンター席も。パンと一緒にドリンクや2種類のスープが味わえる 4外観は和モダンな雰囲気

コンフィ 1000円～。季節限定のすももや桃など種類豊富なコンフィがそろう

湖と富士山を眺められる絶景のベーカリー

湖畔のパン工房レイクベイク

こはんのパンこうぼうレイクベイク

ヨーロッパのような白壁のベーカリーには、1日40～50種類のパンが並ぶ。5種類の自家製酵母と厳選した小麦で作られたこだわりのパンは風味豊か。奥にカフェスペースがあり、パンを選んだらテラス席へ。四季折々の富士山と河口湖を眺めながら味わって。

0555-76-7585 富士河口湖町大石2585-85 10:00～16:30（売り切れ次第閉店、カフェは～15:30）休 水曜、第2・4木曜 P あり バス停河口湖自然生活館から徒歩4分 MAP 付録① C-1

河口湖にはベーカリーがいっぱい

水がおいしい河口湖には紹介した3軒以外にもベーカリーがたくさんあります。ニューオープンも多いのでチェックしてみましょう。

溶岩窯で焼き上げるパン

ベーカリー&カフェ エソラ

童話の世界のような雰囲気にわくわくするベーカリー。自家製酵母を使ったパンは約80種類。富士山の溶岩窯で焼くため、外はパリッと、中はもっちりとした食感が楽しめる。大きな窓から富士山が眺められるカフェも併設している。

☎0555-73-9080 富士河口湖町小立3093 8:00～16:00（カフェは～14:00） 休日・月曜 Pあり 富士急行河口湖駅から車で6分 MAP付録① B-4

1おすすめのパンはスイートクロワッサン190円、マーガレット270円、溶岩窯レーズン760円 2朝9時30分ごろにはパンがそろう 3かわいらしい建物の横には富士山が 4パンにはさむクリームや具材もすべて手作り

1フランス産バターの香りが広がる人気のクロワッサン340円やアップルパイなどがずらり 2フランス産小麦を使ったバゲット330円。最初はレストラン用に焼いていた 3名店の味を復活させたシェフ特製のナポレオンパイ1200円 4テラス席やイートイン席があり、飲み物と一緒に味わえる

フランスの香り漂うパン

パン・ダニエル

富士レークホテルにあるフランス料理レストラン「プルミエ」のシェフ、ダニエル・パケ氏が監修するブーランジェリー。本格的なフランス伝統のパンやケーキ、焼き菓子などが並ぶ。レストランで作る自家製の具材を入れたパンも人気。

☎0555-72-2213
富士河口湖町船津3991
8:00～16:00
休木曜（祝日の場合は営業）
Pあり
富士急行河口湖駅から徒歩10分
MAP付録① D-4

ベーカリー＆カフェ エソラで紹介したマーガレットは花の形をした白パン。食パン生地で、ほんのり甘いふわふわパンは朝食にもぴったり。

季節を感じて味わいたい
極上の和スイーツでひと休み

散策の合間のお楽しみは、おいしいスイーツ。
かき氷やあんみつなどが評判の人気甘味処に立ち寄ってみませんか。
季節ごとに味わいたくなる、ていねいに作られた和スイーツに心も癒やされますよ。

1

1ピスタチオの濃厚な風味とラズベリーの甘酸っぱさが合うピスタチオみるく&ラズベリー1780円。かき氷の中に入っているアーモンドスライスの食感も楽しい 2赤と黒を基調とした店内。入店はInstagramのDMで予約を受け付けている 3トリプルベリー＆ヨーグルト1830円はいちご、ラズベリー、ブルーベリーのソースとヨーグルトの異なる甘酸っぱさが絶妙

3

2

menu

信玄氷　1680円
クリームチーズと
みるくのティラミス　1680円
桜みるく&いちご（季節限定）　1870円
抹茶みるく　1680円

オーナーが独学で氷づくりから始めたかき氷。薄く削るため、密度の高い氷にする

信水堂 しんすいどう

和モダンな甘味とかき氷の専門店。富士山の伏流水でていねいに手作りした氷を薄く削ったかき氷は、あと味がすっきりで口に入れた瞬間にスーッと消えていく。旬のフルーツなどを使った手作りの濃厚ソースは、氷の中にもたっぷりかけられ、最後のひと口までおいしい。定番や季節のかき氷が10～15種類ほど楽しめる。

甘味処 ☎0555-73-8548
住 富士河口湖町船津7673-1 ⏰11:00～16:30 休 月曜(1～3月は不定休) P あり
河口湖駅から車で9分
MAP 付録④ B-3

季節を楽しむかき氷

信水堂のかき氷は、桃やラフランス、文旦、ぶどうなどさまざまな旬のフルーツがソースになります。季節の新作が楽しみです。

不曹庵 ふそうあん

河口湖畔にたたずむ一軒家の和風甘味処。十勝産小豆や大納言で作ったあんを用いたスイーツが評判。ふっくらした大粒の大納言がたっぷり味わえる大納言しるこや、果物満載のあんみつが人気。あんみつに入っている手作り寒天は水分が多めでやわらかく、ぷるんとしたのど越しがたまらない。食事メニューのにしん蕎麦もおすすめ。

甘味処 ☎0555-72-3499 住富士河口湖町小立897-1 営12:00～16:30 休水～金曜 Pあり 交バス停河口湖ミューズ館入口からすぐ MAP付録① C-3

十勝の小豆で作ったあんと、果物たっぷりのあんみつ1500円

menu
抹茶　800円
にしん蕎麦　1800円
抹茶アイス　600円
コーヒー　600円

1 手作りの焼きたてのおもちが入った大納言しるこ1500円。果物と浅漬けが付く 2 湖側に窓が大きくとられたカウンター席は人気席 3 和の趣の店内。落ち着く座敷席もある。不曹庵とは庵号で、オーナーのお茶の師匠である茶道の家元に付けてもらった名称

富士山の伏流水を使っている信水堂。かき氷に入っているゼリーやジュレももちろん伏流水で作っています。

建物の雰囲気も素敵なお店で郷土料理「ほうとう」をいただきます

**河口湖には山梨県の郷土料理「ほうとう」の名店がそろい踏み。
富士山と一体になったアートな建物や古民家風など外観も個性的です。
食べ比べしながら、お気に入りのほうとう店を探してみましょう。**

1東恋路店は建築家の保坂猛さんが設計し、数多くの建築賞も受賞 2洞窟のように丸みを帯び、壁と天井が一体化した店内 3富士山と建物が1枚の絵になるようにデザイン 4木の温もりが感じられる手作りのテーブルやイスが並ぶ 5富士山型の入れ物がかわいい秘伝の薬味。ほどよい辛さでほうとうに合うように調合 6黒糖で煮た甘みのある油揚げが評判のいなり寿し520円

非日常の空間で味わう伝統のほうとう

名物ほうとう不動 東恋路店

めいぶつほうとうふどう ひがしこいじてん

真っ白なモコモコの建物は富士山のふもとにかかる雲をイメージしたもので、店内も雲の洞窟のような雰囲気。ほうとうは家族に受け継がれてきた味をベースにしているため1種類のみ。生麺から煮込み、もっちりとしたコシのある自家製麺と、かぼちゃなど野菜の甘さが溶け出した味噌仕立てのスープの相性もぴったり。

0555-72-8511 富士河口湖町船津東恋路2458 11:00～20:00（麺が無くなり次第閉店・夕方以降要問い合わせ）休 無休
P あり 富士急行河口湖駅から車で7分 MAP 付録④ B-2

名物 不動ほうとう1210円。かぼちゃや大根など国産の野菜がたっぷり

ほうとうのルーツは？

郷土食のほうとうは、甲斐の武将・武田信玄が陣中食として野菜たっぷりのほうとうを考案したものが伝わっているといわれています。

バリエーション豊かで珍しいほうとうがそろう

甲州ほうとう 小作 河口湖店

こうしゅうほうとうこさくかわぐちこてん

大きな水車が回る古民家風建物が印象的なほうとうの人気店。もちもちしたこだわりの麺と秘伝のスープで作られたほうとうは約10種類。定番のカボチャほうとうは素朴で深みのあるやさしい味わい。

☎0555-72-1181 ⌂富士河口湖町船津1638-1 ⏱11:00〜20:20 休無休 Pあり 🚶バス停役場入口から徒歩7分 MAP付録① C-4

1

2
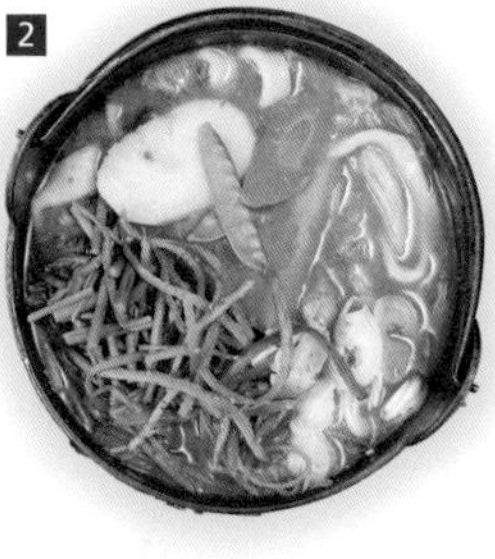

3

4

1民芸風の懐かしい雰囲気の店内。大広間には囲炉裏端の席もある 2甘いかぼちゃなど野菜がたっぷり入ったかぼちゃほうとう1300円が人気。熊や猪肉など珍しいほうとうも 3大きな水車が目印 4お汁粉風の小豆ベースのあずきほうとう1300円はデザート感覚でいただける

1新鮮な野菜やブランド肉などが入った黄金ほうとう豚肉入り1430円。鶏肉もある 2甲州名物の鳥もつ煮660円。甘めのタレがおいしい 34蔵風の店内は傾斜がついており、奥に見える富士山に登っているような気分。どの席からも富士山が見える造りで、甲冑が飾ってある奥の座敷席は富士山が正面に見える特等席

1
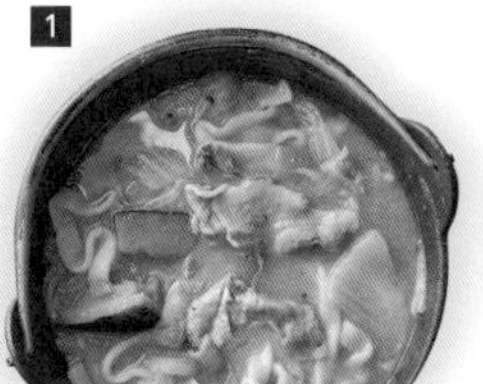

2

3
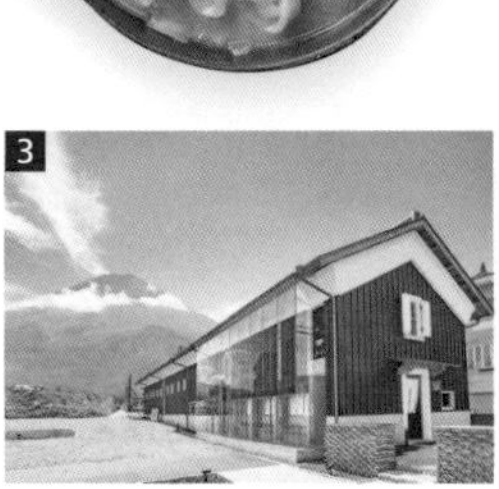

4

黄金色のスープで煮込む奥深い味わいのほうとう

ほうとう蔵 歩成 河口湖店

ほうとうくらふなりかわぐちこてん

蔵をモチーフにした和モダンな建物が目を引く店の名物は、黄金ほうとう。かぼちゃのペーストを練りこんだ黄金味噌、深みを与えるあわびの肝、無添加のだしを合わせた黄金色のスープを味わって。

☎0555-25-6180 ⌂富士河口湖町船津6931 ⏱11:00〜20:30 休無休 Pあり 🚶富士急行河口湖駅から車で5分 MAP付録④ B-2

ほうとう店にはサイドメニューもあります。3店ともメニューにあるのが馬刺し。こちらも富士山麓の名物なのでおすすめです。

茅葺き屋根の民家に心もほっこり 西湖いやしの里 根場へ

**茅葺き屋根の民家が建ち並ぶ、のどかな雰囲気の西湖いやしの里 根場。
富士山を眺め、ノスタルジックな気分に浸りながら、
ものづくり体験やおいしいスイーツでゆっくり過ごしませんか。**

1富士山と茅葺き屋根、ピンク色のヤエベニシダレザクラのコントラストが美しい 2懐かしい水車小屋 3紅葉の時期も美しい。軒下のトウモロコシや柿はスタッフがひとつずつ手作業で吊るす。建物は古材を使い、当時の兜造りの茅葺屋根を再現した

**茅葺き屋根の民家が点在する
日本の美しい原風景を再現**

西湖いやしの里 根場

さいこいやしのさとねんば

富士五湖のひとつ、西湖の近くにかつてあった集落には茅葺き屋根の民家が建ち並び、富士山を望む美しい風景が広がっていた。災害により失われたこの集落を再現し、災害を免れた家屋を含め20棟の茅葺き屋根の家屋では、ものづくり体験や食事などが楽しめる。

☎0555-20-4677 ⌂富士河口湖町西湖根場2710 ⏰9:00～16:30（12月～2月は9:30～16:00）休無休（臨時休業あり）¥500円 Pあり バス停西湖いやしの里根場からすぐ MAP付録④ A-2

手作り雑貨などをおみやげに

特産品加工場では富士河口湖産の古代米やスズ竹ざる、つるかごなどの伝統工芸品、漬物など特産品や加工品がそろっています。

こんな体験ができます

好きな香りに調合

陶と香のかやぬま

とうとこうのかやぬま

富士吉田の陶芸家が営む陶芸とお香の店。陶芸作品やお香グッズも並ぶ。京都の老舗の香原料を使った匂袋や練り香作りが人気。

体験 ☎0555-72-8918

匂袋作り

1400円／所要30～40分

10種類の香原料を調合して、好きな柄の布袋に固く詰めて作る。

織物の街・富士吉田で作られた100種類以上の袋から選んで作れる

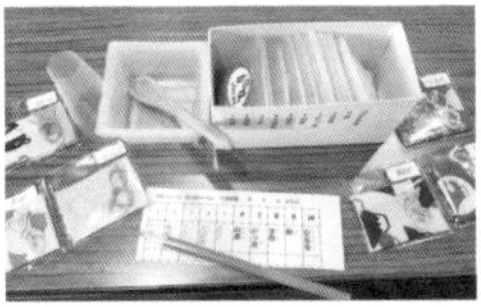

香原料の説明を聞きながら、自分好みの香りに調合ができる

のぞくのが楽しい万華鏡

硝子と金工・ツパイ工房

がらすときんこうツパイこうぼう

ガラス工芸家と彫金作家夫妻の工房。作家の作品を展示販売するほか、薄い銅板に凹凸をつけて模様をデザインするへら彫金や、万華鏡作りが体験できる。

体験 ☎050-5374-9756

万華鏡作り

1400円（ビー玉は3000円）／所要30～40分

ビーズやビー玉を使って簡単に作ることができる。

筒の先端に色とりどりのビーズなどを入れて作る万華鏡

1工房で作られた美しいガラスや金工製品も販売 2筒にガラスまたはプラスチックの鏡を入れて、先端にビー玉を取り付ければ万華鏡が完成

ここでひと息いれましょう

かわいらしい和スイーツ

茶処 青龍亭

ちゃどころせいりゅうてい

広々としたお座敷席で軽食やスイーツが味わえる甘味処。白くまかき氷などフォトジェニックな和スイーツがそろい、食べるのがもったいないほど。

甘味処 ☎0555-20-4677

1バニラアイスを添えたキュートな白くまかき氷700円 2庭の緑も鮮やかな座敷席でゆっくりいただける 3二色団子やずんだなど5種類の団子が付いた彩り団子&抹茶1000円。団子のみもOK

石臼挽きの手打ちそば

手打ちそば みずも てうちそばみずも

東京の名店で長年修業した店主が打つそば処。玄そばを石臼で挽いたそばは香りが高く、のど越しがいい。せいろがおすすめ。

そば ☎080-2378-0008

季節の野菜を厚めの衣で揚げた天ぷらが付く天ぷらせいろ1900円

「ひなまつり」や「端午の節句」、「七夕まつり」、「秋まつり」など四季折々のイベントを開催。日本の伝統を楽しみましょう。

車窓の富士山を楽しみながら富士山ビュー特急で優雅な列車旅

富士山に一番近い鉄道といわれる富士急行線を走る富士山ビュー特急。
気品のある赤い列車の車内は、どこか懐かしいホテルのような空間です。
木を生かした温かみのある列車で、富士山への旅を楽しみましょう。

特別車両1号車

カフェのようなテーブル席です

1号車は対面のテーブル席や丸いテーブルの席があり、カフェのような雰囲気。ドリンクを飲みながらの会話もはずみそう。

カウンターでドリンクやおみやげを

カウンターにはアテンダントがおり、1号車の乗客にはドリンクのサービスをしてくれる。グッズも販売。

2号車

2号車は指定席。シートデザインのベースはおしゃれな赤色。

3号車

3号車は自由席でシートは青色がベース。寄木細工の床ともマッチ。

オリジナルグッズも買えます

クリアファイル
400円
富士山ビュー特急のロゴマーク入りでかわいい

ぐい飲み2個セット
1000円
車両内装のような木の温かみあるデザイン

富士山ビュー特急 ふじさんビューとっきゅう

大月～河口湖間を約45分で結ぶ富士山ビュー特急は、工業デザイナー・水戸岡鋭治さんのデザイン。特別車両の1号車は、出迎えの赤いマットやウェルカムドリンクがあり、旅気分を盛り上げるおもてなしがある。

運行問合せ先:☎0555-73-8181（富士急コールセンター）
予約:☎0555-22-8877（富士急トラベル）　※1号車の予約は1か月前から受付

●運行ダイヤ:1日2往復。時間はHPを要確認　●料金:1号車（指定席）運賃＋特急料金400円＋特別車両料金900円、2号車（指定席）運賃＋特急料金400円＋指定席料金200円、3号車（自由席）運賃＋特急料金400円

富士山ビュー特急に乗るまでの行き方

大月駅まではJR新宿駅から特急あずさ、特急かいじが便利。JR新宿駅から河口湖駅まで直通運転をする「富士回遊」も運行しています。

富士山ビュー特急内で特製スイーツを

特別車両内で楽しめるのが、予約制の「スイーツプラン」。スイーツは「ハイランドリゾートホテル＆スパ」のシェフパティシエが手がけ、特急をイメージした特製スイーツが味わえる。

運行問合せ先：♪0555-73-8181（富士急コールセンター）
予約：♪0555-22-8877（富士急トラベル）　●運転日：土・日曜、祝日
●利用区間：大月駅⇔富士山駅、大月駅⇔富士急ハイランド駅、大月駅⇔河口湖駅　●料金：4900円（運賃、特急料金等込）
●発売日：乗車日の前月1日から予約開始。利用日の3日前に受付終了

特急をモチーフにしたエクレアや富士山のようなショコラ、雲パンなどかわいいスイーツが楽しめる

※画像はイメージ

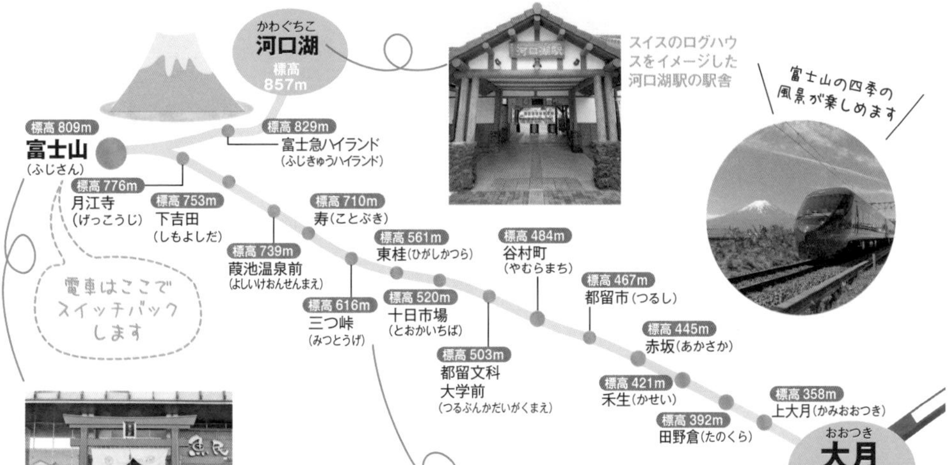

スイスのログハウスをイメージした河口湖駅の駅舎

富士山駅の正面には朱塗りの大きな鳥居がある

富士山駅のホームには富士山が正面に見えるイスが

三つ峠駅～寿駅間にある「がんじゃ踏切」は、富士山を背景に登山電車が撮影できる絶好スポット

富士山にいちばん近い鉄道・富士急行線は、始発の大月駅から終点の河口湖駅まで徐々に標高が上がっていきます。

高速バスで
楽々アクセスできます A

C トーマスのカステラも売ってます

後ろにグルグルと
回転するコースター E

B 富士急からの距離なんて考えたこともなかったな

こんな風景に出会えます

富士急ハイランド 小さな旅 アルバム

高飛車やフジヤマ、ええじゃないかなど、
ジェットコースターが充実する
人気の遊園地。
カメラを持っておでかけしたら
こんな風景が撮れちゃいました。

F 大観覧車の中に
なぜか牢屋があります

A高速バスならバスタ新宿から富士急ハイランドまで直通。トーマスバスも走っています
B富士急ハイランドに着いた早々、こんな看板に出会いました
Cアツアツの焼きたてがおいしいんです。甘いカステラは7個入500円
Dキングオブコースターの名にふさわしい存在感です
E登場して以来、ええじゃないかはコースターの常識を覆すような変則的な動きで、ファンを増やし続けています
F大観覧車の1部が牢屋仕様のお仕おき檻覧車になっていました
G富士山を五感で体感できるフライトシミュレーションライド。巨大スクリーンに映し出される富士山のスケールは壮観です

富士急といえば D
やっぱりFUJIYAMAですね

G 日本らしい設えの
富士飛行社のエントランス

H てんこもりのごはんが富士山のようなふじやまカレー 980円
I ハイランドリゾート ホテル&スパ内のレストラン フジヤマテラスからも富士山が見えます
J 最大落下角度121度の高飛車
K カラフルでかわいい「リサとガスパールルーム」はハイランドリゾート ホテル&スパ内にあります
L 入口から怖さをアピールしている戦慄迷宮
M レ レーヴ サロン・ド・テのアフタヌーンティーセットを楽しみましょう
N 新スポットのFUJIYAMAタワーはFUJIYAMAと同じ風景を見られます

とてつもない
落下角度の高飛車
J

M パティシエ特製のスイーツと
紅茶で優雅なティータイム

大きなごはんが
富士山みたい H

K
リサとガスパールの世界に
ひたれるリサガスルーム

N タワーのスカイデッキから
眺める富士山は圧巻です

ホテルのレストランから I
富士山ビュー

L
雰囲気たっぷりの
戦慄迷宮入口

富士急ハイランド
ふじきゅうハイランド
☎0555-23-2111 ⌂富士吉田市新西原5-6-1 ⏲9:00～17:00（時期により変動あり）
休 HPで要確認
¥ 入園無料（フリーパス6000～7800円）
🚶富士急行富士急ハイランド駅からすぐ
MAP 付録② A-3

ハイランドリゾート ホテル&スパ
☎0555-22-1000 ⏲IN15:00、OUT11:00
室 和5、洋155、和洋1
¥ シングル15500円～、ツイン・ダブル28000円～ 🚶バス停富士急ハイランドからすぐ
MAP 付録② A-3

myことりっぷ

富士山世界遺産センターで日本一の山・富士山にふれる

河口湖など富士五湖や富士吉田周辺を訪れると
その圧倒的な存在感と美しさに見とれてしまう富士山。
知っているようで、じつは知らない富士山について学んでみませんか。

南館のシンボル「冨嶽三六〇」。富士山の一日の時間の流れや季節の変化を色の変化や音で表現している

趣向を凝らした展示で富士山を知る

山梨県立富士山世界遺産センター

やまなしけんりつふじさんせかいいさんセンター

富士山の世界遺産としての価値を紹介する施設。南館は2階の回廊から360度楽しめる、全長15mの和紙でできた富士山オブジェ「冨嶽三六〇」をメインに、富士山の自然と人々の関わりをわかりやすく体感できるよう映像なども用いて展示している。北館は富士山の総合案内所。展示室のほか、絶景の展望広場、ショップ、カフェを併設している。

☎0555-72-0259 ⌂富士河口湖町船津6663-1 ◷9:00～17:00（7～8月は8:30～18:00、12～2月は9:00～16:30）休南館は第4火曜（祝日の場合は翌日休）、北館は無休 ¥無料 Pあり バス停富士山世界遺産センターからすぐ MAP付録④ B-2

なぜ世界遺産に選ばれたの？

富士山は古くから「信仰の対象」だったことや、浮世絵などに描かれる「芸術の源泉」であったことが認められ、世界文化遺産に登録されました。周辺にはその価値の具体的な証明となる構成資産が25か所あり、北口本宮冨士浅間神社や富士五湖、忍野八海などが含まれます。

冨嶽三六〇の
内側の映像です

より詳しくわかるガイドアプリ

公式の展示ガイドアプリ「ふじガイド」を使えば、館内の展示を文章やAR、音声で楽しく解説してくれます。音声ガイドは松岡修造さん。

「胎内ビジョン」では富士山の伝説や富士山信仰、芸術作品などを紹介

上／現代美術画家・山口晃さんが描いた「冨士北麓参詣曼荼羅」も展示 右／信仰の道をイメージした御中道回廊では富士山の歴史が学べる

まるで
富士山に
登った気分

庶民の信仰、富士講のコーナーでは、約5分のタイムラプス映像で富士山登拝が体験できる

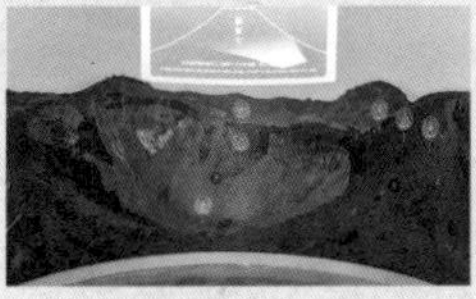

山頂を一周する巡拝、八葉めぐり。遥拝や登拝、巡拝などの展示で信仰の歴史を紹介

北館2階には展望広場があり、晴れた日には富士山が一望できる。スイーツやカレーが味わえるカフェも併設

北館1階にある富士山の成り立ちや動植物、噴火など自然を中心とした展示室

溶岩や火山灰の
実物も展示

南館内の「富士山ライブラリー」には富士山に関するさまざまな図書がそろっています。誰でも閲覧できますよ。

富士山のパワーがもらえそう 富士吉田のパワースポットへ

大きくて迫力ある富士山の姿が眺められるお膝元の富士吉田市には
富士山信仰の拠点である浅間神社や、絶景で話題の公園があります。
神様のパワーが集まる場所にでかけてみましょう。

本殿へと続く厳かな拝殿。富士登山の安全を願って参拝

世界遺産に登録された由緒ある神社

北口本宮冨士浅間神社

きたぐちほんぐうふじせんげんじんじゃ

富士信仰の中心で、富士山吉田口登山道の起点となっている神社。杉木立の清々しい参道の先には、朱塗りの木造では日本最大の冨士山大鳥居がある。本殿をはじめとする国重要文化財の社殿が並び、境内全域は国史跡に指定され、荘厳な雰囲気に包まれている。

☎0555-22-0221 ⌂富士吉田市上吉田5558 ⏰祈祷受付9:00～16:30 休無休 ¥拝観無料 Pあり 🚶バス停浅間神社前からすぐ MAP付録② A-4

神社の御水舎は江戸時代中期の建造物で、目を見張るほどの豪華な造り。霊水が引かれているので身を清めて

木造では日本最大の冨士山大鳥居。江戸時代以降は約60年の周期で建て替えや修理をしている

美のおまもり（初穂料1000円）。富士山、安産、火防にご利益のある女神を祀っている

金鳥居 かなどりい

「富士みち」と呼ばれる北口本宮冨士浅間神社へ続く国道139号に立つ鳥居。額縁に収まる富士の眺めは、信仰の山・富士を象徴した眺めといえる。

吉田の火祭りの際には金鳥居にも大たいまつが置かれる

☎0555-21-1000（ふじよしだ観光振興サービス） ⌂富士吉田市上吉田1-10付近 ⏰見学自由 Pなし 🚶富士急行富士山駅からすぐ MAP付録② B-3

ここでひと休み

山梨ほうとう 浅間茶屋

やまなしほうとうせんげんちゃや

家族連れや団体にも親しまれる浅間神社境内にある食事処。郷土料理のほうとうや一品料理などが楽しめる。参拝がてら気軽に立ち寄って。

☎0555-30-4010 ⌂富士吉田市上吉田5562-7 ⏰11:00～15:30 休不定休 Pあり 🚶バス停浅間神社前からすぐ MAP付録② B-4

山梨さんろく豚の豚肉ほうとう1750円がおすすめ

8月26・27日に開催される火祭り

吉田の火祭りは、富士山のお山じまいの祭りと位置づけられてきました。26日夕刻、神輿が御旅所に到着すると約90本の大松明に点火され、街はまるで火の海に包まれたようです。MAP付録② A-4

写真協力：一般財団法人ふじよしだ観光振興サービス

1

桜と富士山と五重塔の絶景スポット

新倉山浅間公園 あらくらやませんげんこうえん

日本らしい風景と海外で紹介され、外国人も多く訪れる公園。桜の名所として知られ、展望台から見る桜越しの富士山と五重塔は、まるで絵に描いたような絶景が広がる。

☎0555-21-1000（ふじよしだ観光振興サービス）
住富士吉田市浅間2-4-1 時散策自由
Pあり 交富士急行下吉田駅から徒歩10分
MAP付録② B-2

桜の見ごろは
4月上～中旬

2

3

4

1広場から上って行くと富士吉田市内を一望できる展望台があり、忠霊塔の向こうに富士山が見える 2広場までゆるい坂道が続く。春は桜も咲く 3公園の広場に続く398段の階段。見晴らしがいいのでこちらからも 4五重塔「忠霊塔」。1962（昭和37）年に建てられたもの

展望台へ向かいましょう

春は桜に彩られる歴史ある神社

新倉富士浅間神社 あらくらふじせんげんじんじゃ

706（慶雲3）年創建の浅間神社。境内には市指定天然記念物の檜があり、子育て神木と呼ばれている。新倉山浅間公園は神社の境内地なので清潔に心がけて参拝し、展望台へ向かって。

☎0555-23-2697 住富士吉田市浅間2-4-1 時9:00～16:00 休無休 ¥無料 Pあり 交富士急行下吉田駅から徒歩5分 MAP付録② B-2

朱塗りの鳥居をくぐって神社へ。富士山大噴火の際、鎮火祭りを執り行ない「三國第一山」の称号を得た

くぐって
神社と公園へ

静寂に包まれる境内。災除け・家庭円満・安産・子育てにご利益あり

新倉山浅間公園では、4月上旬～中旬頃、「新倉山浅間公園桜まつり」が開催されます。

素敵な織物が集まる“ハタオリマチ”富士吉田へ

富士北麓は1000年以上も続く高級織物の産地。
富士吉田市と西桂町で始まった「ハタオリマチ」というプロジェクトにより、
上質でおしゃれな商品を作るハタオリの産地として注目を集めています。

1植物があちこちに配され、癒やされるような店内では12の織物工場の商品を取り扱っている。店内の設計デザインを担当したのは織物工場のひとつ、Watanabe Textileのテキスタイルデザイナー 2月替わりで織物工場のPOPUP SHOPを開催 3製造風景も映像で紹介されている

GOSHUINノート
各2530円

織物製造を手がける「光織物」のブランド「kichijitsu」のポップな御朱印帳。富士山や鯛など絵柄も豊富

スカーフバッグ
4290円(Sサイズ)
7480円(M、シュシュ付)

「TENJIN-factory」P.53が作るリネン製のあずま袋は、丈夫で使い勝手がいい。色は7種類

IIYUサコッシュ
(左から)男湯、女湯 各3850円

富士吉田のテキスタイルブランド「IIYU TEXTILE」の銭湯富士をモチーフにしたサコッシュ。温泉旅行にぴったり

なぜ“ハタオリマチ”と呼ばれるの？

富士北麓の郡内《ぐんない》地方は、富士山からの湧き水を使って江戸時代から織物業が育まれてきました。多品種の織物を織る珍しい産地でもあり、近年ファクトリーブランドが多く台頭してきています。当時の面影を残す建物など、古き良きまちの中で10月下旬に開催されるハタオリマチフェスティバルは、ハタオリマチ発信のきっかけとなっています。

ハタオリマチのアンテナショップ

ヤマナシハタオリトラベル MILL SHOP

ヤマナシハタオリトラベルミルショップ

富士山駅の駅ビル「Q-STA」1階にある織物雑貨のアンテナショップ。富士吉田市や西桂町の織物工場で作られたファクトリーブランドの傘やストール、バッグ、雑貨など、長く愛用できる上質なものが数多くそろう。

織物雑貨 ☎0555-23-1111(富士急百貨店) 富士吉田市上吉田2-5-1 10:00～20:00 休不定休 Pあり 富士急行富士山駅構内 MAP付録② B-3

第3土曜はファクトリーショップへ

富士吉田市と西桂町の織物工場が毎月第3土曜日に工場の一角を開放し、見学などを開催。各ショップへは事前の問い合わせが必要です。

御朱印帳を作ってみましょう

1

2

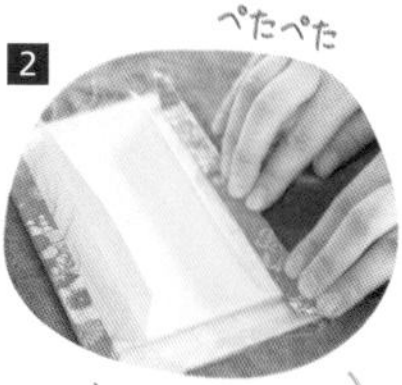

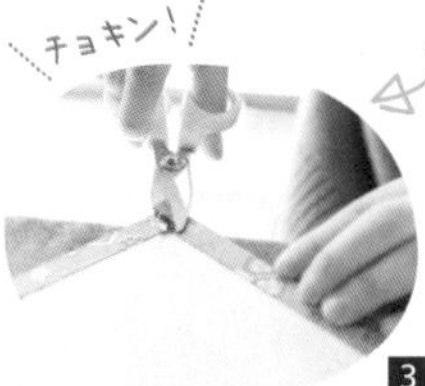

3

4

1 和装小物や掛け軸などに使われる豪華絢爛な高級織物、金襴緞子を使ったオリジナルの御朱印帳を作る体験ができる。最初に約40種類の柄の中から好きなものを2種類選ぶ 2 布を台紙に貼り付ける 3 四隅の布をハサミでカット 4 約40分で完成。これを持って富士吉田で御朱印をいただくのもおすすめ

2フロアにたくさんの雑貨が並ぶ。おみやげ探しにもぴったり

ライフスタイルショップで華やかな御朱印帳作り

ALT STYLE オルトスタイル

キッチングッズやインテリア雑貨、ファッション小物など、暮らしを豊かにしてくれるアイテムが並ぶライフスタイルショップ。地元のテキスタイルプロダクトブランドの雑貨も扱っている。富士吉田で織られている金《きん》襴《らん》緞《どん》子《す》を使った御朱印帳の制作体験もできるので、旅の記念におすすめ。

雑貨 ☎0555-28-5445 住 富士吉田市中曽根2-13-14 ⏰10:30～19:30
休 水曜 ¥ 御朱印帳制作体験3300円（体験は要予約）
P あり 🚶富士急行富士山駅から徒歩12分 MAP 付録② B-3

ハタオリマチ案内所📖P.57は織物工場の情報発信拠点なので、ぜひ立ち寄ってみてください。

レトロな昭和の町並みへ 西裏地区の路地裏さんぽ

昭和 30〜40 年代の町並みが残る富士吉田市の西裏地区。
町を歩くとどこかタイムスリップした気分になります。
ディープな雰囲気漂う路地裏もぶらりとのぞいてみましょう。

1本町通りの右側が西裏地区 2 1949(昭和24)年の創業時から地元に愛されてきた月の江書店 3リノベーションした店が建ち並ぶ新世界乾杯通り 4Transparent FULL MOONは小道にあるレストラン 5スタイリッシュな外観のロンタン 6ノスタルジックなカフェ月光

昭和レトロ感たっぷりの西裏地区を散策

西裏地区 にしうらちく

甲斐絹の産地である、昭和30年代に織物産業を中心として多くの店が軒を連ね、織物市が開かれて栄えた下吉田の絹屋町。近くの西裏通りはその業者で賑わいをみせていた。路地裏を歩くと当時の面影が残る町並みに、古民家をリノベーションした店など新しい店も増え、散策も楽しめる町として注目されている。秋や冬にはハタオリマチのイベントも開催される。

☎0555-21-1000（ふじよしだ観光振興サービス） 住富士吉田市下吉田
!!富士急行月江寺駅からすぐ MAP付録② B-2

10月下旬に開催されるハタオリマチフェスティバル

冬イベントの「ハタオリマチのクリスマス」

ハタオリマチフェスティバル

富士吉田のファクトリーブランドをはじめ、全国の織物商品などが集まるマーケットやワークショップが行われるフェスです。開催は10月。

雑貨屋さんをのぞいて、カフェでまったり

1白を基調にした店内 2上品でかわいらしい柄のALDIN 青い花ポーチ6600円 3ALDINコースター各495円

上質なリネンも家具も長く使いたくなる

LONGTEMPS ロンタン

「長い時間」という店名のとおり、「人や物も長くお付き合いできるように」とセレクトした雑貨と家具の店。おすすめは地元で作るリネン製品。

雑貨 ☎0555-22-0400
富士吉田市下吉田3-12-54
10:00 ～ 19:00
休 火曜 P あり 富士急行下吉田駅から徒歩8分 MAP 付録② B-2

古民家カフェでくつろぎの時間を

カフェ月光 カフェげっこう

大正末期の古民家を改装して作られたカフェ。無農薬で栽培されたコーヒー豆を使った月光ブレンド630円や、手作りケーキが楽しめる。

カフェ ☎0555-28-7277
富士吉田市下吉田3-12-11
12:00 ～ 17:00 休 火～木曜
P なし 富士急行月江寺駅から徒歩7分 MAP 付録② B-2

かぼちゃのメイプルチーズケーキ650円

本町通りから月江寺通りに入ってすぐ

路地裏の隠れ家で本格イタリアンを楽しむ

Transparent FULL MOON トランスペアレントフルムーン

東京や山梨で腕を磨いたオーナーシェフが厳選した素材で作る本格的なイタリア料理と、ワインが堪能できるレストラン。落ち着いた内装もみずから手がけている。

イタリアン ☎090-4424-3565
富士吉田市下吉田3-7-25
11:30～13:30（水～日曜のみ）、18:00～22:30（日曜は17:30～21:30）
休 月曜 P あり 富士急行月江寺駅から徒歩7分 MAP 付録② B-2

前菜の盛り合わせ2500円

路地裏にある人気店。ブルーグリーンの外観が目印

「新世界乾杯通り」には個性的な飲食店が建ち並びます。はしご酒をして“乾杯”を楽しんでみては。

バリエーション豊かな富士吉田のランチ&カフェ

**水も食材もおいしい富士山麓の富士吉田には
ご当地グルメの吉田のうどん以外にもおすすめのグルメがあります。
こだわりの食材を使ったランチやスイーツをゆっくり味わいましょう。**

BRUSCHETTA ブルスケッタ

山梨の食材をふんだんに取り入れた、100種類以上のメニューがそろう一軒家のイタリアン。ランチは珪藻土窯で焼いたピッツアや5種類のパスタから選べる。自家製フォカッチャも付くのでおすすめ。

イタリアン ☎0555-72-8303 住 富士吉田市旭2-6-4 時 11:30～13:30、18:00～21:30 休 水曜、不定休 P あり 交 富士急行月江寺駅から徒歩16分 MAP 付録② A-2

隠れ家のような雰囲気のイタリアン。ディナーは甲州ワインビーフなど肉料理もおすすめ

数量限定のふわふわトロトロオムライス1280円とランチパスタ1050円（土・日曜、祝日は1100円）

而今庵 にこんあん

八ヶ岳山麓産のそば粉と富士山の湧き水で、店主が毎日そばを打つそば処。香り高いそばが存分に楽しめる。一品料理も充実し、地元の野菜や春の山菜など天ぷらもサクサクしておいしいと評判。

そば ☎0555-22-9737 住 富士吉田市下吉田2-14-27 時 11:30～13:30（売り切れ次第終了）休 木曜（月1回連休あり）P あり 交 富士急行月江寺駅から徒歩10分 MAP 付録② B-2

かつて織物問屋が軒を連ね、絹屋町と呼ばれたエリアにある。店内はレトロな雰囲気

すだちをたっぷり浮かべた、味も香りも爽やかな冷かけすだちそば1100円

富士山の雪解け水を生かしたゼリー

富士吉田の水道水は富士山の湧き水をろ過したもの。それを生かしたアーヴェントの水ゼリーはほんのり甘くておいしいと評判です。

FUUTO COFFEE AND BAKE SHOP

フウトコーヒーアンドベイクショップ

元豆腐店をリノベーションしたカフェ。やさしい色合いの店内には、元和菓子職人が毎朝焼くどらやきをはじめ、プリンやケーキなど手作りのお菓子が並ぶ。カフェではコーヒーなどドリンクと楽しめる。

カフェ・菓子 ☎0555-72-8380 ⌂富士吉田市下吉田3-12-3 ⏰11:00～17:00（カフェは～16:30）休月・火曜 Pなし 🚶富士急行下吉田駅から徒歩10分 MAP付録② B-2

店名のフウトは実家が営んでいた豆腐店の跡地を活用していることから名付けた

名物のどらやき200円、カスタードプリン600円、カフェラテ500円

アーヴェント

水ゼリーや焼菓子、ケーキなど富士山麓の水や食材を生かしたお菓子が人気の洋菓子店。おいしい紅茶の店にも認定されているので、併設のカフェで人気のケーキや軽食メニューと味わってみて。

カフェ・菓子 ☎0555-24-5888 ⌂富士吉田市新西原1-8-1 ⏰8:00～20:00（カフェは～19:00）休無休 Pあり 🚶富士急行富士山駅から徒歩3分 MAP付録② A-3

約20種類のケーキや富士登山の杖をイメージしたフィナンシェ「つえ」など焼き菓子が並ぶ

富士山のおいしい水を用いた寒天と和糖蜜が人気のクリームあん豆かん800円

富士吉田市の本町通りは富士山がきれいに見えるメインストリート。周辺にはカフェや食事処もありますよ。

myことりっぷ

長く愛用できるリネンを富士吉田で探しましょう

**大切に扱えば、何十年経っても使えるという上質なリネン。
洗えば洗うほど柔らかい風合いになり、肌ざわりもよくなります。
メイド・イン・ジャパンの上質なリネンを作る富士吉田を訪ねてみませんか。**

1

2

3

4

5
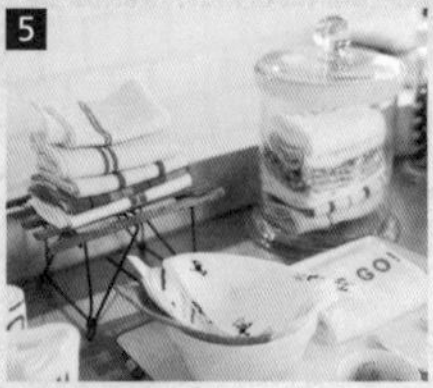

1キュートなイラストやブランドロゴの刺繍が入ったリネンのキッチンクロス。何枚でも欲しくなりそう 2ジャムとクロテッドクリームが付いた手作りのイングリッシュスコーン660円とFar Leaves Teaの紅茶660円～ 3ギンガムチェックのかわいらしいリネンのエプロン10560円～ 4大きな窓からは富士山も見渡せる居心地のいいカフェ 5自社ブランドのリネン雑貨や海外で買い付けたキッチン雑貨も販売

人気ブランドのコンセプトストア

THE DEARGROUND ザディアグラウンド

糸や生地の製造、デザイン、仕立てまですべて手がけるオールドマンズテーラーのコンセプトストア。3階はリネンを中心としたオリジナルブランド「R&D.M.Co-」の洋服や小物などのアイテムが並ぶショップ、2階には手作りスイーツや紅茶が楽しめるカフェを併設している。

雑貨・カフェ・衣類 ☎0555-73-8845 ⌂富士吉田市下吉田6-18-46 2F・3F ⏰11:00～18:00（カフェは～17:30） 休水・木曜 Pあり 🚶富士急行富士山駅から徒歩17分 MAP付録② B-3

豊富な茶葉がそろうFar Leaves Tea。カフェで味わって気に入ったらおみやげに

「R&D.M.Co-」のほぼ全ラインがそろう。ディスプレイも含めた世界観にふれて

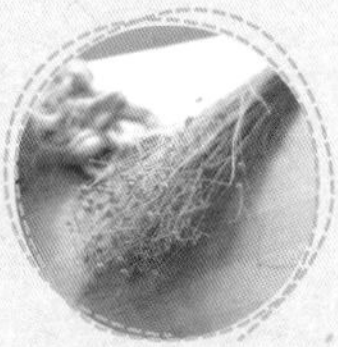

貴重な織機で織り上げるリネン

シャトル織機で織るとほつれにくく、ふっくらとした生地になるそう。もう製造はしていないため、手入れをして大切に使っています。

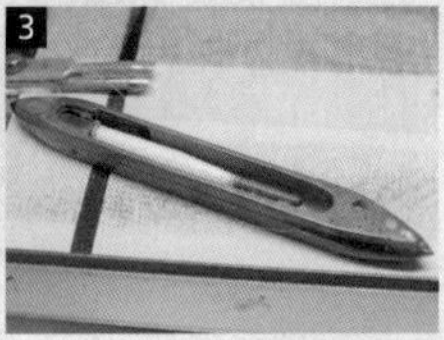

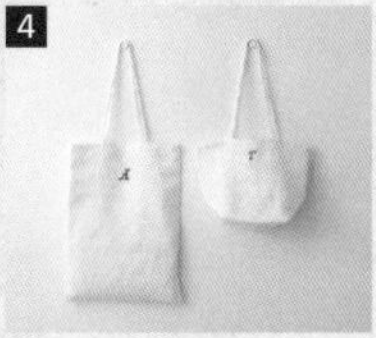

1工場併設のファクトリーショップ。ショールームではカーテンやシーツなどのサンプルも見られる。見学は事前に予約を 2リネンを織る5台のシャトル織機。「ALDIN」というブランドもあり、リネンのキッチンクロスやエプロン、バッグなどを作っている 3横糸を入れたシャトル。手作業で織機に取り付ける 4イニシャルの刺繍が入れられるバッグ。刺繍には数日かかる

昔ながらの機械で織る リネンの専門工場を見学

TENJIN-factory

テンジンファクトリー

日本では珍しいリネン生地と製品の製造販売を専門にしている織物工場。良質な糸で昔ながらの織機で作るリネンは、使い込むほど肌ざわりがいい。キッチンクロスやカーテン、寝具などでその良さが実感できる。

ファクトリー ☎0555-22-1860 住富士吉田市下吉田7-29-2 時11:00～17:00（要予約） 休土・日曜、祝日（第3土曜は営業） Pあり 交富士急行月江寺駅から徒歩15分 MAP付録② B-3

地元の魅力を発信する 古民家ゲストハウス

SARUYA HOSTEL

サルヤホステル

築90年の古民家をリノベーションしたゲストハウス。落ち着いたセンスのある空間には共有のダイニングやラウンジがあり、ゲスト同士が気軽に交流できる。地元企業ともコラボレーションし、地元産ハーブティーなども楽しめる。

ゲストハウス ☎0555-75-2214 住富士吉田市下吉田3-6-26 時IN14:00 OUT10:00 室和7 ¥個室7000円～（1名1室）、9800円～（2名1室）ほか Pなし 交富士急行下吉田駅から徒歩8分 MAP付録② B-2

1部屋のデザインはそれぞれ異なる。TENJIN-factoryのベッドリネンを利用できる部屋も 2日当たりのいい本館裏庭 3本館共用スペース。アンティーク家具から水回りのタイルまで、居心地のよさと清潔感に注力している 4別館共用スペース。木の温かみを活かした、おしゃれな空間

THE DEARGROUNDではお気に入りのアメリカ・バークレーの紅茶、Far Leaves Teaを直輸入。店頭販売もしています。

民家で味わう素朴な味
ご当地グルメ・吉田のうどん

富士吉田市内に50店以上ある、富士吉田のローカルフード。派手な看板はかかげず、民家の座敷で味わうのが地元流。そんな素朴なご当地グルメ・吉田のうどんを味わってみましょう。

すりだね
ゴマ、山椒、唐辛子などから作る薬味。各店オリジナルの辛さはうどんのアクセントに。

トッピング
キャベツが定番で、コシの強い麺と相性抜群。ほかに、油揚げ、馬肉やネギ、ニンジンなど。

かけうどん400円

麺
太くて、コシが強いねじれ麺。小麦の味がギュッと閉じ込められ、噛むほどに旨みが増す。

茹でキャベツうどんで知られる定番のうどん

桜井うどん《さくらいうどん》

具に茹でキャベツをのせた元祖の店。小上がりのテーブル席でいただくメニューは「温かい」かけうどんと「冷たい」つけうどんのみ。コシのある手打ちの麺は、味噌と醤油を合わせた昔ながらのつゆとの相性がよく、具も油揚げと茹でキャベツだけのシンプルさで、ファンも多い。ハーフサイズも用意している。

☎0555-22-2797 富士吉田市下吉田5-1-33 ⏰10:00～14:30（売り切れ次第閉店）休日曜 Ⓟあり 富士急行富士山駅から車で5分 MAP付録② B-3

吉田のうどんってどんなうどん？

昔から結婚式などハレの日にうどんを食べる風習があった富士吉田。機織りで忙しい女性に代わって男性が麺を打つため、極太でコシの強い麺が生まれたそう。噛めば噛むほど小麦の味が感じられる。これが吉田のうどんの特徴です。

吉田のうどんをおみやげに

富士吉田市には製麺所がいくつかあり、家で手軽に味わえるようにおみやげとして販売しています。道の駅富士吉田などにありますよ。

豪華なトッピングと
コシのある麺が自慢

欲ばりうどん700円

麺許皆伝

めんきょかいでん

味噌・醤油ベースの甘めのつゆが、モチモチの麺によく合う。オープンキッチンの店内で、手際よくうどんを茹でる主人の様子も気持ちいい。人気は具がたっぷりの欲ばりうどん。

☎0555-23-8806 ⌂富士吉田市上吉田東1-4-58 ◷11:00～14:00（売り切れ次第閉店） 休日曜 ¥天ぷらうどん550円、冷やしうどん550円 Pあり !!富士急行富士山駅から徒歩10分 MAP付録② B-3

広々とした座敷でゆっくり味わえる

あっさりしながらも
奥深いスープが評判

肉うどん（中）550円

みうらうどん

週末ともなると行列ができる人気店。麺はコシのある手打ちの中太麺で、つゆは醤油と味噌を合わせたあっさり味。甘辛く味付けした馬肉との相性もぴったりの肉うどんがおすすめ。

☎0555-30-2377 ⌂富士吉田市下吉田1-22-5 ◷10:00～14:00 休水曜（祝日の場合は営業） ¥かけうどん（中）450円、肉つけうどん（中）550円 Pあり !!富士急行下吉田駅から徒歩10分 MAP付録② B-2

白いプレハブのシンプルな建物

硬めのもちもち麺を
自慢のスープで堪能

肉うどん650円

手打ちうどん ムサシ

てうちうどんムサシ

2日以上寝かせて熟成させた、コシの強い太麺が評判。煮干しや削り節を水出ししただしで作るスープは、だしが濃く、やさしい味わい。大きな天ぷらが乗るムサシうどんも人気。

☎090-5768-8644 ⌂富士吉田市上吉田6-10-19 ◷10:30～14:00（売り切れ次第閉店） 休木曜 ¥ムサシうどん700円 Pあり !!富士急行富士山駅から徒歩16分 MAP付録② A-3

気軽な雰囲気でいただける人気店

約50店の店が載っている吉田うどんマップは、富士吉田市観光案内所などで入手できます。

河口湖・富士吉田でみつけた かわいい雑貨のおみやげ

河口湖や富士吉田にはかわいい雑貨のお店が点在しています。
富士山モチーフのものや上質な手作りアイテムなど、
日常を彩り、豊かになるようなおみやげを探しませんか。

めでたや遊び かき氷 1980円

季節ごとの風物詩を和紙で表現した、めでたや遊び。毎年新作が加わるので、コレクションするのも楽しい。季節ごとに店頭の商品が異なる

SIWA クラッチバッグM 各3520円

丈夫で破れにくい特殊な和紙で作るブランド「SIWA」の上質な和紙バッグ。雨にぬれても破れないので安心

ふじさん御朱印帳 各1650円

富士山の四季を表わした4種類の御朱印帳。桜、ラベンダー、黄花コスモス、雪がそれぞれ描かれている

富士山グラス 6200円

コップの底にあるガラスの富士山は、360度のどこから見ても楽しめるデザイン。飲み物も一層おいしくなりそう

ハンカチフジ 1100円

ハンカチの真ん中をつまむと富士山に。ブルーとピンクの2種類

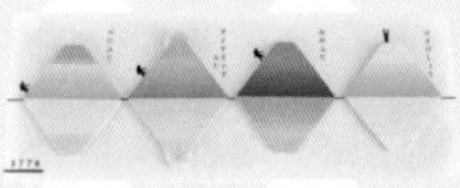

さかさ富士ふせん 530円

湖面に富士山が映る「逆さ富士」をイメージしたふせん。富士山の多彩な顔を表現

日本の四季を楽しむ和紙雑貨の専門店

めでたや河口湖店

‖河口湖‖めでたやかわぐちこてん

河口湖畔の複合施設、富士大石 ハナテラスP.19内にある、山梨県の和紙メーカー・大直の直営ショップ。季節を感じられるものや、行事に合わせた和紙雑貨が豊富にそろう。和紙製のポーチやバッグもおすすめ。

和紙雑貨 ☎0555-72-8313
富士河口湖町大石1477-1 富士大石 ハナテラスG棟
9:30～17:30
休 無休 P あり
バス停河口湖自然生活館からすぐ MAP 付録① B-1

駅で買えるかわいい富士山グッズ

Gateway Fujiyama 河口湖駅店

‖河口湖‖ゲートウェイフジヤマかわぐちこえきてん

河口湖駅に併設されたおみやげ店。地元の銘菓や雑貨、富士山にちなんだおしゃれなグッズなど、電車の待ち時間におみやげを購入できる。地元の食材を使用した郷土料理や吉田のうどんが味わえるカフェもある。

名産品 ☎0555-72-2214
富士河口湖町船津3641 河口湖駅構内 9:00～18:00（土曜は～19:00、日曜・祝日は8:00～19:00、季節により変動あり）
休 不定休 P あり 富士急行河口湖駅構内 MAP 付録① D-4

掘り出し物の端切れがたくさん

ハタオリマチ案内所では織物雑貨のほかに、さまざまな端切れも販売しています。お気に入りの生地を探してみましょう。

ハーバリウム 各2100円
じょうぎ 600円

2階の体験教室では、花を使ったオリジナルのハーバリウムやじょうぎ、キーホルダーなどを作って持ち帰れるので、挑戦してみては

ハーブミックスかすてら 850円

4種のハーブをミックスして生地に混ぜた手作りカステラ。地元の卵もたっぷり

STELLA FLOWER
420円／1mℓ
※測り売りのみ

本館の香水コーナーで販売しているオードトワレ。河口湖の星空をイメージして調合

HATAORIMACHI NOTEBOOK
各2200円

富士吉田の風景や鹿、猿を織り込んだ生地を表紙にした、ハタオリマチのオリジナルのノート

富士山さいふ
各1540円

初夢に見ると縁起がいいとされる「一富士二鷹三茄子」をモチーフにした、「田辺織物」のかわいい小物入れ

くるみボタン 大500円

気に入った端切れを使って、くるみボタンの手作り体験ができる

オリジナルのハーブの香りをおみやげに

河口湖ハーブ館

‖河口湖‖かわぐちこハーブかん

ラベンダーをはじめ、ハーブに関する雑貨やハーブ苗が並ぶ。ハーブ館の畑で栽培しているハーブで作ったドライフラワーは、見た目も香りもインテリアにぴったり。店内で焼いているかすてら工房もおすすめ。

ハーブ ☎0555-72-3082
住所 富士河口湖町船津6713-18
営業時間 9:00～18:00 休 無休
P あり 🚶バス停河口湖ハーブ館からすぐ MAP 付録① D-3

ハタオリマチの魅力を伝える情報拠点

ハタオリマチ案内所

‖富士吉田‖ハタオリマチあんないじょ

富士山駅のバスターミナルに隣接するハタオリマチの案内所。ハタオリマチの歴史はもちろん、織物工場の情報を発信している。各工場で作られている生地見本が集まり、30cmから10cm単位で購入できる。

案内所

☎0555-22-2164（富士吉田織物協同組合）住所 富士吉田市上吉田2-5-1 営業時間 10:00～16:30
休 不定休 P あり
🚶富士急行富士山駅からすぐ
MAP 付録② B-3

河口湖ハーブ館の中庭から富士山も眺められます。隣接のフードトレーラーではラベンダーや季節のソフトクリームが味わえますよ。

家でも眺めたくなる富士山モチーフのおいしいおみやげ

**フォトジェニックな富士山はスイーツのモチーフとしても大人気。
同じモチーフなのにお店ごとの自由な表現に驚かされます。
おいしくて、見た目もかわいいおみやげを集めてみました。**

**富士山羊羹
1棹1700円**
富士の美しい山容を表現した抹茶羊羹。山には北海道産の厳選した小豆を使用。季節限定の羊羹もある

富士の錦 2800円
毎月22日の富士の日に223本限定で販売する特別な羊羹。1棹で春夏秋冬の富士を色と味で表現している

1 四季折々の富士山の美しさを表現した羊羹

1

金多゛留満本店

‖**河口湖**‖きんだるまほんてん

明治時代から続く和菓子店。あんも国産小豆で職人がていねいに作っている。富士山に自生するハマナシの実を使ったはまなしが名物。

和菓子 ☎0555-72-2567 住富士河口湖町船津7407 営9:00～19:00（10～3月は～18:00） 休無休 Pあり 交富士急行河口湖駅から車で10分 MAP付録④ B-2

2

FUJIYAMA COOKIE

‖**河口湖**‖フジヤマクッキー

国産小麦粉や富士山の麓で作られたチーズ、はちみつなど厳選素材を使用し、一枚一枚ていねいに焼き上げた手作りクッキーを販売。

クッキー ☎0555-72-2220 住富士河口湖町浅川1165-1 営10:00～17:00（季節により変動あり） 休第2・4火曜（祝日の場合は翌日休） Pあり 交バス停遊覧船ロープウェイ入口からすぐ MAP付録① D-3

3

FUJISAN SHOKUPAN

‖**河口湖**‖フジサンショクパン

富士山の天然水や山梨県産小麦、ふじがね高原牛乳など、地域の素材を使った食パン専門店。生食パンなど4種類の食パンが並ぶ。

食パン ☎0555-72-9908 住富士河口湖町船津3462-11 営11:00～18:00 休木曜 Pあり 交富士急行河口湖駅から徒歩5分 MAP付録① D-4

2 色も形もキュートな富士山クッキー

フジヤマクッキー チョコがけ1枚180円
バニラ、紅茶、ストロベリー、抹茶、ショコラの5種類の味があるクッキー。サクサクの食感が楽しい

3 食パンをカットすると冠雪の富士山に

FUJISAN SHOKUPAN 1個864円
鮮やかなブルーと白のコントラストが美しい富士山型の食パン。青い部分は山梨県産巨峰ジュースなどを使用している

富士山麓の牛乳で作る富士山ぷりん

FUJISAN SHOKUPANに併設している「富士山ぷりん」。ラムネとパンナコッタで富士山を表現した富士山ぷりん450円が人気です。MAP 付録① D-4

4 日本から世界の富士山になった名物ケーキ

世界の富士山
3618円
高さ13cmもある名物の富士山ケーキ。世界遺産登録を機に、世界の富士山に改名した

ふじさんプリン
453円
プリンで富士山を表現。雪の白い層はなめらか、黄色い層はプルプルの食感で、カラメルはワイン風味

5 丁寧に焼き上げた富士のシフォンケーキ

富士の雪浪漫
1500円
降りかかる粉砂糖が、まるで冬の富士山のようなクグロフ型のふわふわシフォンケーキ

4
ラ・ヴェルデュール木村屋

‖河口湖‖ラヴェルデュールきむらや

富士山北麓地域をはじめ国産の素材を使い、無添加で作る洋菓子店。ケーキやプリン、ジェラートなどがそろう。イートインも可能。

洋菓子 ☎0555-73-1511 住富士河口湖町小立8017-1 フォレストモール富士河口湖内 ◷10:00～19:00(時期により変動あり) 休火曜(祝日の場合は翌日休) Pあり 交富士急行河口湖駅から車で5分 MAP 付録④ B-2

5
河口湖チーズケーキ・ガーデン

‖河口湖‖かわぐちこチーズケーキガーデン

約15種類のチーズケーキや焼き菓子など、チーズをふんだんに使ったスイーツがずらり。一番人気は富士の完熟チーズケーキ600円。

洋菓子 ☎0555-72-3654 住富士河口湖町浅川1173-1 ◷9:00 ～ 17:00(地域の催事等で延長あり) 休無休 Pあり 交富士急行河口湖駅から徒歩10分 MAP 付録① D-4

6
シフォン富士

‖富士吉田‖シフォンふじ

富士山麓の牛乳と卵をたっぷり使った手作りシフォンケーキのお店。富士山をかたどったふじフォンは大きさとフレーバーが選べる。

洋菓子 ☎0555-24-8488 住富士吉田市大明見2-23-44 ◷10:00～18:00 休火曜、第4水曜 Pあり 交富士急行富士山駅から車で5分 MAP 付録② C-3

6 シフォンケーキやラスクで富士山を楽しむ

ふじフォン大
1490円
オリジナルの型作りからはじめたふじフォン。ふんわりしっとりしたケーキで、8種類の味から選べる。プレーン以外は要予約

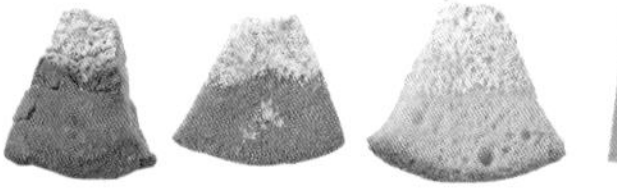

ふじフォンラスク 1箱756円
シフォンケーキ「ふじフォン」を富士山の形に切り分け、香ばしく焼き上げたラスク。サクサクした軽い食感で食べやすい

河口湖チーズケーキ・ガーデンにはイートインスペースもあるので、人気のチーズケーキをその場で味わうこともできます。

日本一の富士を望める 河口湖の宿でのんびりお泊まり

河口湖周辺で一夜を過ごすなら富士山の絶景宿がおすすめです。客室でくつろぎながら、湯船に身をゆだねながら、四季折々、朝夕に表情を変える富士の美しさが堪能できます。

1ロビーラウンジからテラス越しに富士山を望む　2夕食は盛り付けも凝った日本料理　3一番広い「ふふラグジュアリープレミアムスイート」

森に抱かれた癒しのリゾートホテル

ふふ 河口湖《ふふかわぐちこ》

「境界のない森のリゾート」をコンセプトにしたリゾートホテル。6タイプ32室の部屋はすべて富士山を望めるスイートルーム。部屋で天然温泉も楽しめる。森の中にいるようなロビーラウンジやテラスも素敵。

☎0570-0117-22
(Small Luxury Resort総合予約センター)
⌂富士河口湖町河口水口2211-1 🕒IN15:00 OUT11:00
[室]洋32 [¥]1泊2食付51150円～
[P]あり 👣バス停久保田一竹美術館から徒歩5分
[MAP]付録① C-1

料金プラン

1泊2食付（2名1室）
平日51150円～
休前日66550円～
部屋はゆったりしたリビングを中心にベッド、露天風呂が配されている。夕食は薪と溶岩石を使った懐石料理が味わえる。

1最上階の露天風呂から望む富士山と河口湖の競演　2客室のテラスからも美しい富士山が堪能できる
3機能的でスタイリッシュな中央館客室

天空の湯船から富士山を一望

THE KUKUNA《ザククナ》

光と風と水をテーマにした開放感あふれるリゾートホテル。最上階に位置するパノラマ展望大浴場と露天風呂から富士山と河口湖の絶景が眺められる。エステやマッサージも充実し、癒しの時間を過ごせる。

☎0555-83-3333
⌂富士河口湖町浅川70
🕒IN15:00 OUT10:00
[室]和25、和洋20、特別室19
[¥]1泊2食付25000円～ [P]あり
👣バス停うぶや前から徒歩3分 ●送迎あり（要予約）
[MAP]付録① D-2

料金プラン

大地の塔プラン
1泊2食付（2名1室）平日25000円～
KUKUNA中央館、最上階フロアのくつろぎの座洋室を利用。夕食には洋風創作料理とハーフビュッフェを。

湖上を舞う冬花火を見たいなら

「河口湖冬花火」が開催される1月中旬～2月中旬は人気のシーズン。河口湖周辺で宿泊をするなら、早めの予約をおすすめします。

1まるで一幅の絵のような景色が見られる　2四季が織りなす旬の味覚が並ぶ夕食　3ゆったりとした和室は居心地抜群

露天風呂からの富士の眺めが自慢

秀峰閣 湖月 しゅうほうかくこげつ

富士山が真正面という絶好のロケーション。全室に大きな窓があり美しい富士を眺望できる。露天風呂の「黒富士」「赤富士」で、湯に浸かりながら眺める富士も素晴らしい。露天風呂や足湯の付く客室もある。

☎0555-76-8888
住 富士河口湖町河口2312
IN15:00 OUT10:00
室 和37、洋4、和洋4 ¥ 1泊2食付22000円～ P あり 🚶富士急行河口湖駅から車で12分
●送迎あり（要連絡）
MAP 付録① D-1

料金プラン

レディースプラン

1泊2食付（2名1室）平日22000円～、休前日26400円～
選べる色浴衣付き。夕食は部屋食（1室4名まで）という限定特別プラン。チェックアウトは11時。

1内風呂とは思えない開放的な大窓　2露天風呂から望む裾野を広げた富士山　3露天風呂付客室。すべての客室から富士山と河口湖が眺められる

「人生を祝う」がコンセプトの絶景宿

うぶや

大切な記念日におすすめの宿。富士山を眺めながら、客室やラウンジ、大浴場などでゆっくりと休んだり、A5等級黒毛和牛の食事を味わったり、記念日に家族そろって楽しく過ごせるように、心配りをしてくれる。

☎0555-72-1145 住 富士河口湖町浅川10 IN15:00 OUT11:00 室 和29、和洋22 ¥ 1泊2食付29850円～ P あり 🚶バス停うぶや前からすぐ ●送迎あり（要連絡） MAP 付録① D-3

料金プラン

記念日を祝う2名様限定プラン

1泊2食付（2名1室）平日35350円～、休前日39750円～
大切な2人の記念日の食事に、富士山と河口湖の大パノラマを望む窓際席を確約するプラン。すてきな思い出作りを。

富士山の展望は天候に左右されるので、季節ごとに富士山を見に訪れたいですね。

自然や歴史にふれる ふじさんミュージアムパークへ

**富士吉田市に開園した自然豊かなパークは、
富士山や歴史にふれられるミュージアムやカフェ、滝などが楽しめます。**

臨場感のある映像は
富士登山をしている気分に

約12分の絶景映像が流れるVRシアター

ふじさんミュージアム

富士山信仰の歴史や文化、富士山の魅力を体感できるミュージアム。360度のスクリーンに映し出される富士山の映像は迫力満点。富士山の模型に投影するプロジェクションマッピングも見逃さないで。

博物館 ☎0555-24-2411 富士吉田市上吉田東7-27-1 9:30～16:30 休火曜（7·8月は無休） ¥400円 Pあり バス停ふじさんミュージアムパーク前からすぐ MAP付録④ B-3

吉田の火祭りの歴史や大松明の実物なども紹介している

江戸時代の御師住宅として貴重な建物

歴史ある古民家でいただく
ひと手間が楽しいスイーツ

マロンクリームを自分で絞る体験ができる和栗モンブラン1300円

古民家カフェ KONOHANA

こみんかカフェコノハナ

歴史的価値のある小佐野家復原住宅をリノベーションした和モダンカフェ。地の食材を使った料理やスイーツが味わえる。モンブランのクリームを自分で絞ったり、団子を七輪で焼いたりと食の体験も楽しめる。

カフェ ☎0555-28-5737 富士吉田市上吉田東7-27-2 10:00～16:00（テイクアウトは～16:30） 休不定休 Pあり バス停ふじさんミュージアムパーク前からすぐ MAP付録④ B-3

山梨県産信玄どりのスパイスカレー1350円

鮮やかな紅葉に彩られる
清冽な2条の滝

2条の滝が落差約10mの岩肌をすべり落ちる

鐘山の滝 かねやまのたき

富士山の伏流水を含む桂川にかかる滝。とくに10月下旬から11月中旬の紅葉の時期が美しい。滝はウッドデッキに設けられたイスから眺められ、夜はライトアップも。

滝 ☎0555-21-1000（ふじよしだ観光振興サービス） 富士吉田市上吉田東7-27-1 ふじさんミュージアムパーク内 見学自由 Pあり バス停ふじさんミュージアムパーク前からすぐ MAP付録④ B-3

山中湖・忍野

富士五湖一の大きさを誇る山中湖は、
標高も高く、夏でも涼しい避暑地的な存在です。
忍野は富士山の伏流水が湧き出す地で、
名水の里としても知られており、
名水を使ったそばや豆腐などが味わえます。
爽やかな高原の風に吹かれながら、
湖畔沿いの散策や遊覧船などもすてきです。

山中湖・忍野をさくっと紹介します

**富士五湖最大の面積を誇るのが山中湖。
その山中湖の北西に位置する忍野エリアは
名水の里としても知られています。**

旅の支度をととのえる&現地お役立ちミニ情報

最新情報は現地で入手

山中湖畔(バス停文学の森公園前そば)に山中湖村観光案内所が、バス停忍野八海から徒歩4分のところに忍野村観光案内所があります。現地情報はココで。

周遊バスをうまく利用しましょう

河口湖駅発着で、忍野・山中湖方面へ向かう周遊バス「ふじっ湖号」が運行しています。運賃180円~(区間により異なる)。乗り降り自由な1日間乗車券もあります。

☎0555-72-6877(富士急バス)

ふじっ湖号

河口湖駅発着で、忍野・山中湖周辺の観光スポットをまわります。山中湖の南側からまわる「ふじっ湖号(左回り)」と、北側からまわる「ふじっ湖号(右回り)」が1日合計11便運行しています。乗り降り自由の1日フリークーポンは、ふじっ湖号のエリアが1500円。河口湖駅、富士山駅、山中湖 旭日丘のバス窓口で購入できます。

コインロッカー

山中湖畔の旭日丘(森の駅)にあります。200円~。ただし数が少ないので使用できない可能性があります。また、窓口の営業時間内に利用してください。

路線バスの行き先や時刻もチェック

周遊バスでアクセスできないところへ行く場合や、周遊バスの時刻がプランに合わない場合などは路線バスを利用しましょう。河口湖駅または富士山駅が起点となります。

忍野八海へは

忍野八海観光のメインになるバス停は、ふじっ湖号もしくは路線バスの忍野八海になります。池によって近いバス停がありますが、それぞれの池は近くに点在しているので、徒歩で気軽に散策できます。

観光案内所リスト

山中湖村観光案内所
(バス停文学の森公園前そば)
山中湖平野バス待合所
平野観光案内所
(平野バスターミナルそば)
☎0555-62-3100(山中湖観光協会)

忍野村観光案内所
(バス停忍野八海から徒歩4分)
☎0555-84-4221

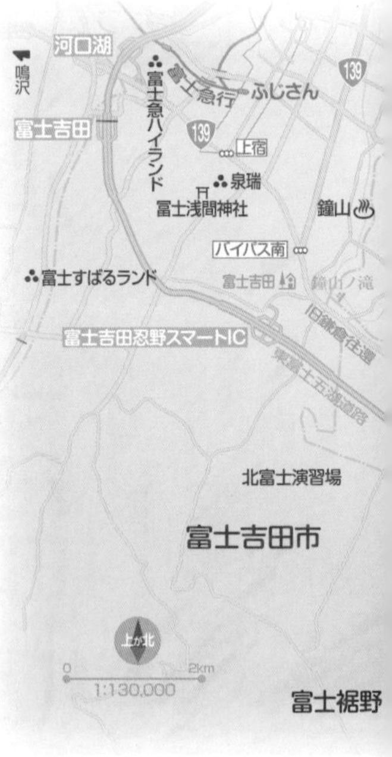

富士山の伏流水が
湧き出る地

P.74

忍野八海《おしのはっかい》

富士山に降った雨雪が長い年月をかけて湧き出している景勝地。「名水百選」に選定。

富士五湖最大で
最高地点の湖

P.66

山中湖《やまなかこ》

湖面標高は982mで、富士五湖ではもっとも高い位置にある湖。避暑地としても人気。

忍野村を流れる新名庄川は桜の名所として知られ、富士山と桜の絶景が望めます。

船や水陸両用バス、自転車に乗って山中湖と富士山の絶景を眺めましょう

富士五湖最大の湖、山中湖。爽やかな風を感じて走るレンタサイクルはもちろん、湖に浮かぶ白鳥モチーフの遊覧船や、水陸両用のバスでクルーズしながら、富士山と山中湖のフォトジェニックな風景を探してみませんか。

富士山と山中湖の撮影スポットとして知られる「山中湖交流プラザ きらら」。水辺のボードウォークから眺められる。MAP付録③ D-3

雄大な富士山を眺める
爽やかな高原の湖

山中湖 やまなかこ

富士五湖では最も標高が高く、大きい湖。富士山にいちばん近い湖で、湖越しの富士山の姿が美しいと評判。秋から冬にかけては、山頂に太陽が重なる「ダイヤモンド富士」も見られる。

湖

☎0555-62-3100（山中湖観光協会）
住山中湖村山中湖 MAP付録③ B-3

＼1／

白鳥に乗って湖上散歩を

山中湖の白鳥の湖

やまなかこのはくちょうのみずうみ

山中湖に浮かぶ「白鳥の湖」号は、白鳥をモチーフにした美しい遊覧船。旭日丘桟橋を出発し、雄大な富士山を眺めながら約20分で半周する。双眼鏡など楽しむ工夫も施されている。

遊覧船

☎0555-62-0130（富士汽船）
住山中湖村平野506-1 ⏰9:30～16:30（季節により変動あり、要問い合わせ）休不定休 ¥湖上遊覧1100円 Pあり バス停山中湖旭日丘からすぐ MAP付録③ C-4

1山中湖を優雅に泳ぐ「白鳥の湖」号は180人乗り 2ナチュラルでおしゃれな雰囲気の船内

デッキから雄大な富士山を眺めるのもおすすめ

サンセットの山中湖

白鳥もKABAも同じデザイナー

「白鳥の湖」も「KABA」も日本を代表する工業デザイナー、水戸岡鋭治氏が手がけたもの。デザインにも注目して楽しみましょう。

\ 2 /

水陸を自在に走り回るKABAバス

水陸両用バス「YAMANAKAKO NO KABA」

すいりくりょうようバスヤマナカコノカバ

陸上と水中で暮らすカバをモチーフにし、陸地と山中湖を走行する水陸両用の珍しいバス。湖へ飛び込む瞬間は迫力満点。開放感のあるバスは、湖上から富士山の眺望を存分に楽しめる。

水陸両用バス

☎0570-022956（事前予約） 山中湖村平野506-296 山中湖 旭日丘バスターミナル「森の駅」 ⏱1日7～9便運行（季節により変動あり） 休無休（天候などにより運行中止の場合あり） ¥2300～2500円 Pあり バス停山中湖 旭日丘からすぐ MAP付録③ C-4

START

陸上を走行してから水中へ

湖にダイビング

水しぶきをあげて豪快に山中湖に飛び込む

眺めも抜群

富士山を眺めながら、のんびり湖上クルーズを満喫

\ 3 /

レンタサイクルで爽快なサイクリング

山中湖ドライブセンター

やまなかこドライブセンター

高速バスのバス停山中湖旭日丘近くにあるレンタサイクル店。軽快自転車・シティサイクルなど種類豊富な自転車が約80台そろう。湖畔のサイクリングロードを走るのもおすすめ。

旭日丘にあるレンタサイクルの拠点

レンタサイクル

☎0555-62-1068 山中湖村平野506 ⏱3月20日～11月30日、9:00～16:00（夏季は8:30～18:00） 休期間中月～金曜（祝日は営業） ¥1時間700円、2時間1200円、4時間1700円、1日貸切2500円 Pあり バス停山中湖 旭日丘から徒歩5分 MAP付録③ C-4

ここでクラフト体験ができます

種類豊富な体験メニューがそろう

クラフトの里ダラスヴィレッジ

クラフトのさとダラスヴィレッジ

吹きガラスをはじめ、シルバー細工、とんぼ玉、陶芸など全13種の体験ができ、手軽にオリジナルグッズが作れる。レストランも併設。

体験 ☎0555-62-2774 山中湖村平野479 ⏱10:00～18:00 休木曜（祝日、GW、8・9月は無休） Pあり バス停三国山ハイキングコース入口からすぐ MAP付録③ D-4

1

2

1とんぼ玉は1個1700円から 2吹きガラス体験は15分2750円から。写真の富士山シリーズは3700円

「白鳥の湖」といわれる山中湖。渡らずに湖に生息している白鳥もいるので、一年中愛らしい姿を見ることができます。

myことりっぷ

PICA山中湖で自然とともに過ごす1日

山中湖畔の爽やかな森の中にあるPICA山中湖。敷地内には自然の中で過ごすのに最適な施設がそろっています。富士山麓の豊かな恵みを味わってみましょう。

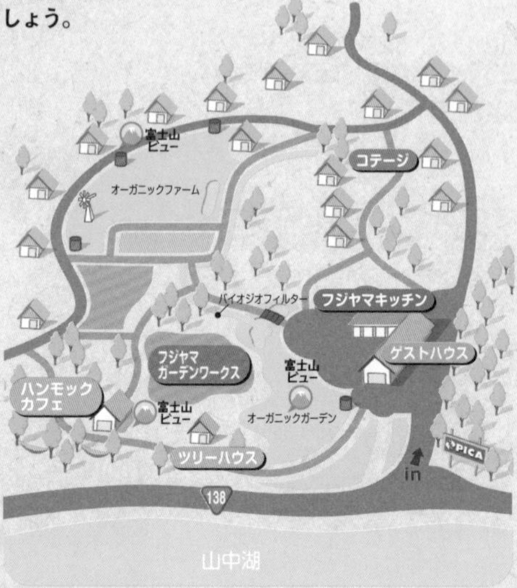

モデルプラン

1日目 12:00

PICA山中湖に到着

まずは入口からすぐのところにあるゲストハウスへ。ワークショップなどの予約はこちらで。フジヤマキッチンやオーガニックグッズのショップもあります。

緑いっぱいの敷地内にあるメイン施設・フジヤマキッチン

12:30

フジヤマキッチンでランチ

富士山麓の旬を味わうレストラン。体に優しいワンプレートランチは女性にうれしい野菜たっぷりのヘルシーなメニュー。

🕒11:00～14:00、17:00～20:00（時期により変動あり）休不定休

欧風レストランで山中湖周辺の恵みをじっくり堪能

信玄鶏ランチ1880円。地元産の野菜を中心に、季節の旬なものを提供 ※画像はイメージ

野菜たっぷり

旬の野菜をふんだんに使ったパスタが人気。地元野菜のペペロンチーノ1380円

14:00

ハンモックカフェでひと休み

ハンモックに揺られながら過ごせるカフェ。スイーツやホットドッグなどの特製メニューを販売。富士山を望むツリーハウスもある。

🕒11:00～15:30 休不定休（季節により変動あり、雨天時はクローズ）

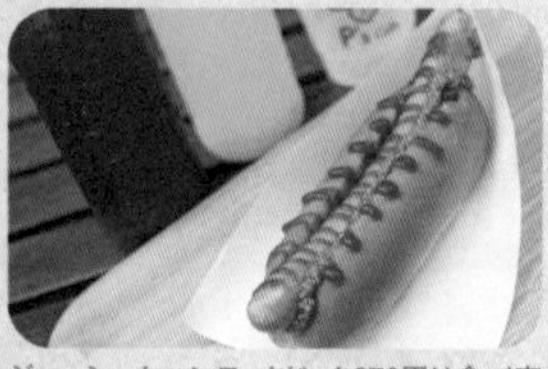

ジューシーなハンモックドック670円は食べ応え十分

18:00

夕食はコテージでBBQを楽しむ

コテージは1泊2食付きの宿泊プランがおすすめ。夕食には豪華なBBQフルコースプランがあり、備品もそろっているので手ぶらOK。地元の厳選した食材を味わえる。

デッキにはBBQグリルや、焚火台などを完備している

豪華なBBQフルコース。素泊まりプランもBBQセットの予約が可能

※画像はイメージ

17:00

さまざまなタイプのコテージで夜はゆっくり過ごして

BBQや場内のレストランの食事付きプランや素泊まりプランなど、自分に合ったものを選べる。夜は焚き火を楽しんで。

室内でハンモックに揺られながら、読書が楽しめるコテージもある

人気のコテージ・グランオーベルジュ。グランピングが楽しめるコテージ

ハンモックに身を沈めてゆらゆら揺られ、自然との一体感を

おすすめのスイーツはシフォンケーキ680円

PICAオリジナルグッズも人気

アウトドアリゾートを運営するPICAならではのグッズも販売。マグカップやLEDランタン、コーヒー、キャンプ用お米などがあります。

2日目 10:00

セレクトされたオーガニックグッズをおみやげに

フジヤマキッチンで使われる食材や調味料をはじめ、こだわりの石けんやオーガニック素材のタオルが豊富にそろう。購入はゲストハウス内のショップで。

※商品は定期的に変更あり

バーチ オーガニックベジタリアンバジルソース930円（左）、オーガニックスプレッド ピーチ910円（右）

ソルレオーネ Bio オーガニック エクストラバージンオリーブオイル1430円

遊び心あふれる隠れ家的なコテージ

PICA山中湖 ピカやまなかこ

愛犬と泊まれるドギーコテージなど、テーマに基づいた17棟のコテージが並ぶ。場内にはフジヤマキッチンやハンモックカフェもある。

1 さまざまなタイプがあるので、好みに合わせてセレクトして 2 プライベートガーデン付きのドギーコテージ。室内ではケージに入れて宿泊を

☎0555-30-4580（PICAヘルプデスク）⌂山中湖村平野506-296 ⏰IN14:00、OUT11:00 休 水・木曜（GW、夏休み期間は除く、ハンモックカフェは冬季休業）室 17棟 P あり 🚶バス停山中湖 旭日丘からすぐ MAP 付録③ C-4

料金プラン

素泊まり8000円～、朝食付9500円～、1泊2食付13500円～
※すべて1名料金。

ドギーコテージはペット1頭1900円、2頭目以降1頭につき600円で、最大3頭まで可。

敷地内にあるフジヤマキッチン📖P68はディナーも自慢。本格的な欧風料理フルコースをワインとともに楽しめます。

ゆっくり過ごしたくなる山中湖畔のおいしいランチ&カフェ

標高が高いため夏でも涼しく、避暑地の雰囲気漂う山中湖。湖で楽しんだあとは、湖畔に点在するカフェやレストランへ。おいしいランチやこだわりのスイーツでひと休みしましょう。

1 アップルパイ1100円とアプリコットバナナティー 770円。ケーキと相性のいいフレーバーティーが人気 2 もう1つのスペシャリテ、パンプキンプティング715円。しっとりした食感で濃厚な味わい 3 2600坪の森と庭にたたずむカフェ 4 店内にはスタッフ手作りのドライフラワーも飾られている 5 ていねいに毎朝焼き上げるパイが並ぶ 6 生活雑貨を扱うショップも併設

緑豊かなカフェでいただく名物のアップルパイ

PAPER MOON

ペーパームーン

多くのファンが足繁く通う山中湖を代表するカフェ。ショーケースには15種類前後のパイとケーキが並ぶ。看板メニューはアップルパイ。酸味と甘みのバランスがよく、ジューシーなりんごのおいしさが口の中に広がる。非日常の大人の空間をゆっくり楽しんでもらいたいからと、10歳以下の入店はお断りにしている。

カフェ ☎0555-62-2041
山中湖村平野481-1
11:00〜18:00(10歳以下の子どもの入店は不可)
休 無休 P あり
バス停湖山荘前からすぐ MAP 付録③ C-4

カフェで使われているオリジナル雑貨、スプーンレスト330円が人気

カフェと同じ味が楽しめるおみやげ用の紅茶1000円。全12種類

オーベルジュでゆっくり過ごす

カフェ＆オーベルジュ 里休は1日2組限定で宿泊もできます。おいしい夕食や朝食もぜひ味わって。ペットの犬も一緒に宿泊できますよ。

1人気のワッフルプレート。シナモンアップルワッフル850円 2山中湖を望むテラス席もおすすめ 3サラダとドリンクが付いた旬のカフェごはん1700円～は月替わり

月替わりで楽しめるワンプレートランチ

カフェ＆オーベルジュ里休

カフェアンドオーベルジュりきゅう

山中湖が目の前に広がるオーベルジュのカフェレストラン。人気のランチメニューは旬のカフェごはんや旬のパスタセット。ワッフルや季節のドルチェなどスイーツもあるので、カフェ利用にも。夜は予約制。

カフェレストラン ☎0555-65-7870
山中湖村平野2408-1
11:00～16:00（夜は完全予約制）
休 水曜、第3木曜 P あり バス停平野から徒歩20分 MAP 付録③ C-3

種類豊富なランチ専門店で優雅なランチタイム

Kitchen 燕

キッチンえん

イタリアンなど洋風メニューをベースにしたランチ専門店。4タイプのセットメニューが人気で、常時20種類以上のメインのほか、前菜、ドリンクまたはジェラートも自由に組み合わせられ、選ぶことも楽しめる。

レストラン ☎0555-25-7383
山中湖村山中148 11:30～14:00
休 月曜、第2・4日曜（連休の場合は日曜営業） P あり バス停観光船のりばからすぐ MAP 付録③ B-3

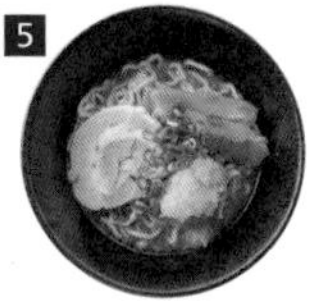

1Bセット2000円。メインは甲州富士桜ポークのプレート レモン風味のソース、前菜は彩り豊かなスティックサラダ。ドリンクとジェラートを両方付ける場合はプラス300円。季節によりメニューが変わる 2シックな雰囲気でくつろげる 3長年、ホテルでイタリアンシェフとして腕を振るってきたオーナーが作る一番人気のきのことベーコンのトマトスープパスタ 4山中湖からほど近い立地 5本格的な燕らーめん

PAPER MOONで販売している、クルミのヌガーをクッキー生地でサンドしたガトー・オ・ノアもおみやげにおすすめです。

木々の香りに包まれていただく 山中湖の美食レストラン

**爽やかな高原の別荘地としても人気がある山中湖は、
隠れ家のようなレストランがあちこちにあります。
木の温もりを感じながらゆっくり料理をいただきましょう。**

イタリアン

1旬の素材にこだわった料理を提供 2アンティークな調度品が置かれたおしゃれな雰囲気 3緑豊かな森に包まれたリストランテ

隠れ家レストランでこだわりのイタリアンを

リストランテPalco Del Cielo

リストランテパルコデルチェロ

森の中に建つログハウスのイタリアンレストラン。テラスでも食事が楽しめ、庭に咲く四季折々の花々を愛でながら、シェフこだわりの味を堪能できる。毎年夏に開催され、20年以上続くガーデンコンサートも人気。

☎0555-62-0603 ⌂山中湖村平野2468-1
🕒11:30～13:30、18:00～（完全予約制） 休火曜、不定休
Pあり 👣バス停ままの森からすぐ MAP付録③ C-3

Menu

ランチセット3000円
パスタ2300円
ピザ2300円
ディナーコース8500円

4高い天井が開放的な店内。窓の外は緑が鮮やか 5爽やかな風に吹かれながら過ごしたいウッドデッキのテラス

富士山も眺められます

リストランテPalco Del Cieloにはマダムが四季折々の花の手入れをしている庭があります。庭越しに富士山と山中湖も見えますよ。

洋食

森の中のレストランで煮込み料理を

煮込みStewの店 Casserole

にこみシチューのみせキャセロール

肉と野菜を煮込み、継ぎ足し熟成を重ねながら作る自慢のシチュー。ギュッと詰まった旨みとコク、さらりとした口当たり。店特製キャセロール土鍋で提供されるので最後の一口まで温かく食べられる。

☎0555-65-6311 住山中湖村平野548-104 時11:30～14:00、18:00～19:00 休月曜(8月は無休、1～2月は不定休あり) Pあり 交バス停平野から徒歩15分 MAP付録③ D-3

Menu

ビーフシチューセット
3000円

ビーフ&タンシチューセット
3500円

チキンクリームシチュー 2500円

1晴れた日はテラス側の席から富士山が見える 2モダンアートが似合う静かな空間 3一番人気のビーフシチューセット。とろけるほど柔らかく煮込まれた肉がたっぷり 4山中湖から少し奥まった森の中にたたずむ 5店内は愛犬同伴OK

標高が高い山中湖では、じっとしていると涼しく感じることも。テラス席を利用する際は、1枚羽織る物を持って行きましょう。

日本屈指の名水の里
透明度抜群の忍野八海へ

**富士山に積もった雪が地下に浸透し、
長い年月をかけて湧き出す名水の地、忍野八海。
のどかな日本の原風景と清らかな水に癒されます。**

中心にある「中池」は忍野八海に含まれていない池だが、撮影スポットとして人気

富士山を望む絶景の湧水池

忍野八海

おしのはっかい

8つの池を総称して「忍野八海」といい、「名水百選」にも選ばれる景勝地。8つの池それぞれが富士山の構成資産の一部として、世界文化遺産に登録されている。

☎0555-84-4221（忍野村観光案内所）🏠忍野村忍草 🕒見学自由 ¥底抜池以外は見学無料 Pあり ‼菖蒲池へは、バス停神鶴橋から徒歩5分。湧池へは、バス停忍野八海から徒歩5分 MAP75

\\ START //

1. 菖蒲池 しょうぶいけ

→神鶴橋バス停から徒歩5分

病気の夫に池の菖蒲を巻くと病気が治ったといういわれがある。昔は菖蒲の良い香りが漂っていたという。

2. 鏡池 かがみいけ

→菖蒲池からすぐ

善悪を見分ける池といわれ、もめ事が起こった時に池の水をかぶって身を清め、おさまりを祈願したという。水面に逆さ富士を映すことで知られる。

3. 湧池 わくいけ

→鏡池からすぐ

富士山の噴火で人々がのどの渇きや火事に苦しんでいたとき、コノハナサクヤヒメノミコトが現れて水を湧かせたという伝説がある。透き通るような水をたたえ、魚の泳ぐ姿も見られる。

魚の姿もよく見える

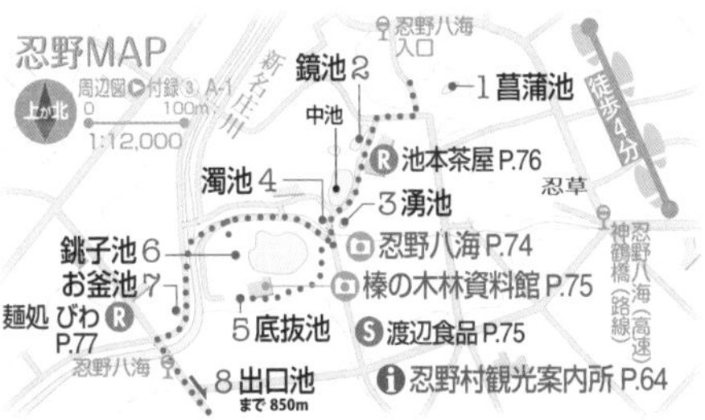

忍野八海と富士五湖との関係

忍野八海は現在の富士五湖と同じように、溶岩による堰止湖でした。その後、水が涸れ、伏流水の湧き出し口が8つの池として今に残ったと伝えられています。

4. 濁池《にごりいけ》

→湧池からすぐ

昔、みすぼらしい行者の水乞いを地主の老婆が断ると、池の水が濁ってしまったという伝説があるが、今の池の水は澄んでいる。

5. 底抜池《そこなしいけ》

→濁池から徒歩5分

落とした物が池の底をくぐって、近くにあるお釜池に浮かびあがるという言い伝えがある。池は榛の木林資料館（有料）の敷地内にある。

6. 銚子池《ちょうしいけ》

→底抜池から徒歩7分

結婚式の席でおならをした花嫁が恥ずかしさのあまり銚子を持って身を投げたという。今は伝説転じて縁結びの池に。

底抜池はここにあります

榛の木林資料館《はんのきばやししりょうかん》

江戸時代築の茅葺屋根の民家を活用した資料館。当時の家具や武具などを展示している。

☎0555-84-2587 住所 忍野村忍草265 営業時間 9:00～17:00 休 不定休 ¥300円 P あり 🚶バス停忍野八海から徒歩7分 MAP 75

現存する忍野村最古の民家

7. お釜池《おかまいけ》

→銚子池から徒歩4分

池のほとりに住む農民の娘をガマガエルが池に引き込み、再び戻ることがなかったという伝説がある。水深が深く、水量豊かな池。

ここでひと休み

名物の草餅をおやつに

渡辺食品

わたなべしょくひん

小豆餡をよもぎ餅で包み、店頭で焼く草餅が人気。添加物を含まず素朴な手作りの味。

☎0555-84-4106 住所 忍野村忍草241 営業時間 8:00～17:00（冬季は8:30～16:30） 休 不定休 P あり 🚶バス停忍野八海から徒歩5分 MAP 75

手摘みのよもぎを使って作る草餅1個100円

\\ GOAL //

8. 出口池《でぐちいけ》

→お釜池から徒歩15分

8つのうちでいちばん大きな池。ほかの7つの池が北斗七星で、離れている出口池は北極星を表わすといわれている。

忍野八海の中で出口池のみ、ほかの池から離れた場所にあります。出口池までは往復30分見ておきましょう。

富士の伏流水が味を際立たせる忍野のそばをいただきましょう

忍野周辺には、富士山の雪解け水が長い時間をかけて湧出しています。「名水百選」に選ばれていることで知られる忍野八海で、この清冽な水を使った手打ちそばを味わってみましょう。

焼き味噌と薬味をつゆにからめて味わうそばが名物

天祥庵

てんしょうあん

茅葺き屋根の古民家風の落ち着いた建物が印象的なそば処。国産そば粉にこだわり、富士の湧き水で打たれたそばは、細めで光沢があり、風味も豊か。薬味に使う野菜などは自家栽培している。

☎0555-84-4119 住忍野村忍草2848-2 🕒11:00～売り切れまで 休水曜（祝日の場合は営業） Pあり 🚶バス停忍野温泉前から徒歩5分 MAP付録③ A-1

1焼き味噌と薬味をつゆにからめて食べる名物、ぶっかけそば1390円
2趣ある店内でそばが味わえる

おいしさの秘密は選び抜かれた素材

池本茶屋

いけもとちゃや

国産在来種大粒秋そばを選別し、その日使う分だけ石臼でじっくりと自家製粉。挽きたて、打ちたて、茹でたてを提供。ダシには近海一本釣り本枯鰹節の削りたてを使い、バナジウム豊富な忍野の名水で仕上げている。

☎0555-84-1009 住忍野村忍草354 🕒9:00～16:30（売店は8:00～18:00） 休不定休 Pあり 🚶バス停忍野八海から徒歩5分 MAP75

1自家製粉、喉越し爽やかな香り高いそばを提供。もりそば1200円
2忍野八海の湧池のそばにある人気のそば処

バナジウムが豊富な富士の水

富士山の伏流水には、体に必要なミネラルの一種、バナジウム成分が豊富に含まれています。軟水なので、お茶などもおいしくなります。

名水と旬のこだわり食材が
競演するそば御膳

和食処 車や

わしょくどころくるまや

敷地内に富士の名水が湧く池をもち、この水で育てた川魚に、名水を使ったそばや豆腐など、土地の素材を生かした料理が味わえる。また、湧水育ちの富士《ふじ》の介《すけ》（キングサーモン×ニジマス）も好評。

0555-84-3455 忍野村忍草1481 11:00～14:00、17:00～21:00 休 月曜（祝日の場合は営業、代休あり） P あり
バス停忍野村役場前から徒歩5分 MAP 付録③ B-1

1 名物のざるそばと敷地内にある湧き水で育てたマスの味噌焼きなどが豪華に並ぶ、そば御膳1700円
2 忍野で老舗の和食処。沼津港直送の魚介も豊富

富士山の湧き水がもたらす
みずみずしさと爽快感

麺処 びわ

めんどころびわ

北海道産そば粉をオリジナルブレンド。昆布や本節など、天然素材のダシにはすべて富士山の湧き水を使い、まろやかな風味が口いっぱいに広がる。庭先は知る人ぞ知る富士山の絶景スポット。

0555-84-7033
忍野村忍草117
11:00～14:00（売り切れ次第閉店） 休 木曜 P あり
バス停忍野八海からすぐ
MAP 75

1 パリッと揚がった季節の天ぷらが付く天ざるそば1815円
2 弾力のある肉質で食べごたえ十分。鴨汁そば1375円

池本茶屋では、そばと一緒に岩魚の塩焼きがおすすめ。生けすの水も名水を使用しているので元気に育ちます。

山中湖・忍野で人気のおみやげを集めてみました

旅に出たらなぜか買って帰りたくなるおみやげ。
大切なあの人に、そして自分へのご褒美に。
地元の味をはじめ、ここでしか手に入らないものばかりです。

1 富士山麓の湧き水で作る富士山型のとうふ

富士山の形を表した富士山とうふ250円。ごま豆腐と絹豆腐を重ねている

爽やかなゆずの風味が口の中に広がるゆず豆富220円

なめらかで甘みを感じる寄せ豆富200円

2 富士山の伏流水で作られたこだわり豆富をおみやげに

1 八海とうふ 浅野食品

‖忍野‖はっかいとうふあさのしょくひん

大正時代創業の老舗豆腐店。忍野村の湧き水と国産大豆100%を使用し、添加物を加えない安全な豆腐作りをしている。さっぱりした甘さの豆乳ソフトクリーム350円も人気。

☎0555-84-3029 住忍野村内野537-4
時8:00～17:00 休無休 Pあり
交バス停承天寺からすぐ
MAP付録③ B-1

2 豆ふの駅 角屋豆富店

‖忍野‖とうふのえきかどやとうふてん

富士山の伏流水に合う佐賀県産の大豆で作った豆腐を販売。人気の寄せ豆富は大豆の甘みや風味を感じられ、のどごしがいい。ゆずや胡麻、一味などひと味加えた5種類の豆腐も評判。

☎0555-84-2127 住忍野村内野556
時9:00～17:30 休水曜(8月は無休)
Pあり 交バス停承天寺からすぐ
MAP付録③ B-1

3 NEWYORK STICK ファクトリーアウトレット

‖忍野‖ニューヨークスティックファクトリーアウトレット

スティックチーズケーキが人気の店。切り落としや規格外品など工場直売のアウトレット商品がショーケースに並ぶ。店頭のみで販売されるお得な商品もある。

☎0555-84-3276 住忍野村内野190
時9:30～18:00(冬季は～17:00) 休不定休
Pあり 交バス停内野赤坂からすぐ
MAP付録③ B-1

3 アウトレット価格で購入できる極上のチーズケーキ

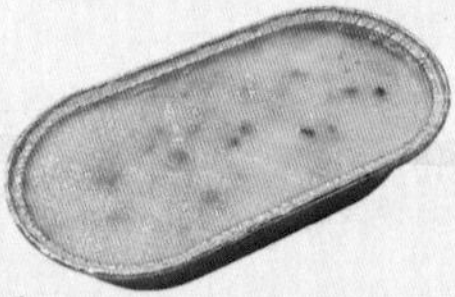

お得なスティックチーズケーキのセット販売、訳ありチーズケーキ1箱832円（左）と人気のクレームブリュレ275円（上）

持ち帰りも安心なように、保冷バッグや、冷凍した商品が用意されている

ソーセージやさんはランチもOK

森のなかのソーセージやさん併設のレストランではハムやソーセージを食べられるほか、ビーフシチューなど煮込みシチューも好評です。

4 名店で腕を磨いた パティシエ特製のケーキを堪能

2種類の生クリームをブレンドしたWクリームのシュークリーム560円。シュー生地もふんわり

苺のロールケーキ620円。いちごの甘酸っぱさと、いちごの実を練りこんだ生クリームの相性も抜群

笠間栗のプレミアムモンブラン720円。笠間栗の濃厚さを際立たせるため、中のクリームは無糖に

4 Patisserie HACONIWA 山中湖

‖山中湖‖パティスリーハコニワやまなかこ

山中湖平野バス待合所のそばにあるパティスリーカフェ。パティシエが旬のフルーツなど素材を生かし、ていねいに作るケーキが並ぶ。オムライスプレートなどランチも好評。

☎080-7400-4117 住山中湖村平野69 時8:00～17:00(カフェは～16:30、冬季平日は9:00～) 休火曜 Pあり バス停山中湖平野からすぐ MAP付録③ D-3

5 森のなかのソーセージやさん

‖山中湖‖もりのなかのソーセージやさん

レストラン古志路を併設した手作りソーセージ店。生クリームやリキュールが入っていて香りがいい、6種類の無添加ソーセージを販売している。無添加のハムやベーコンも人気。

☎0555-62-3187(レストラン古志路) 住山中湖村平野508-375 時9:00～19:00(レストランは11:00～) 休木曜(祝日の場合は営業、GW・8月は無休) Pあり バス停撫岳荘前から徒歩15分 MAP付録③ D-4

6 FUJIYAMA BAZAAR 森の駅 旭日丘

‖山中湖‖フジヤマバザールもりのえきあさひがおか

山中湖 旭日丘バスターミナルに併設するショップ。富士山周辺の銘菓や雑貨、夏季には地元農家から仕入れたフルーツなどがそろう。KABAバスのオリジナルグッズも販売。

☎0555-62-4177 住山中湖村平野506-296 時10:00～17:00(季節により変動あり) 休木曜 Pあり バス停山中湖 旭日丘からすぐ MAP付録③ C-4

5 手作りソーセージとシチューの店 ペットと過ごせるテラスあり

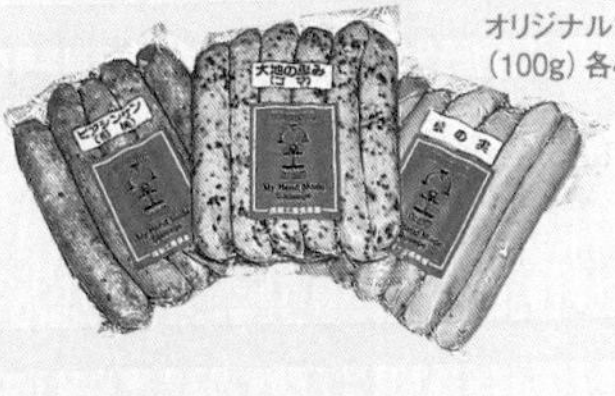

オリジナルソーセージ(100g) 各450円

6 山梨の伝統工芸「印伝」をモダンでキュートな小物に

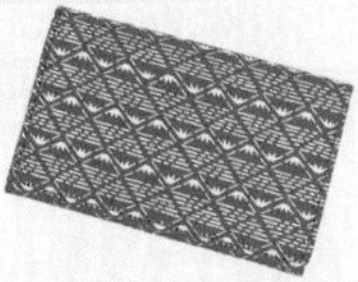

印伝名刺入れ7700円。名刺交換の時に注目をあびそう

レトロでかわいい富士山柄印伝のがま口2640円

Patisserie HACONIWA 山中湖では、おみやげにぴったりなフルーツパウンドケーキも販売。りんごやゆずなどがありますよ。

雄大な富士山を望む
色鮮やかな花畑へ

春を彩る約13万本の
色とりどりのチューリップ

チューリップ
4月下旬
～5月上旬

清流の里レイクガーデンを
青色に染めるネモフィラ

ネモフィラ
5月上旬
～6月上旬

富士山を背に咲き誇る
約30万本のひまわり畑

ヒマワリ
8月中旬
～下旬

辺り一面を
オレンジ色に
染め上げる
美しいコスモス

黄花
コスモス
8月下旬
～10月中旬

山中湖 花の都公園

やまなかこはなのみやこうえん

標高1000mに位置し、四季折々の花畑が広がる高原の公園。30万㎡の無料エリアでは富士山を背景にチューリップやヒマワリ、ポピーなどが彩るフォトジェニックな風景が楽しめる。有料エリアの花畑もおすすめ。

☎0555-62-5587 山中湖村山中1650 8:30～17:00（10月中旬～4月中旬は9:00～16:00）休無休（12月1日～3月15日は火曜休）¥有料エリアは600円（時期により異なる）Pあり バス停花の都公園からすぐ
MAP付録③ B-2

有料エリア

清流の里 せいりゅうのさと

全天候型温室や溶岩樹形観察体験、滝などがある有料エリア。清流の里レイクガーデンではチューリップやネモフィラ、サンパチェンスの花畑が見られる。

勝沼・一宮御坂

石和温泉・山梨市

勝沼は日本一のワインの郷として有名で、
ワイナリーめぐりでの試飲や醸造場見学などが魅力。
フルーツ王国・山梨の中でも、
サクランボ・桃・ぶどうなどいろいろな
フルーツ狩りが楽しめるエリアです。
春には一面の桃畑がピンク色に染まり、
お花見も楽しめます。
また、山梨県最大の温泉地、石和温泉や、
富士山や甲府盆地を望む、
眺めの良い立ち寄り湯もおすすめです。

勝沼・一宮《いちのみや》御坂《みさか》・石和《いさわ》温泉・山梨市を さくっと紹介します

**ぶどう畑や桃畑が広がる日本屈指のフルーツ王国・山梨を代表するエリア。
ワインの醸造元もたくさんあります。
ピンク色に染まる春の桃源郷や、人気の石和温泉もおすすめです。**

旅の支度をととのえる&現地お役立ちミニ情報

最新情報は現地で入手

JR勝沼ぶどう郷駅構内とJR塩山駅構内に甲州市観光案内所、JR山梨市駅前に山梨市観光案内所があります。現地ならではのホットな情報はこちらで。

ワイナリーのことあれこれ

一部を除いて無料で見学できますが、予約が必要なところもあります。試飲は有料の場合があるので確認を。体験メニューは予約が原則です。

食事OKの農園&ワイナリー

一部の観光農園やワイナリーでは、食事ができるところも。併設のレストランのほか、バーベキューを楽しめる農園やワイナリーもあります。

観光農園のことあれこれ

フルーツの種類や品種、天候により収穫時期が異なるのででかける前に現地へ確認を。また、一部の農園を除いて予約が必要です。

特急列車が臨時停車します

勝沼ぶどう郷駅は特急列車の停車駅ではありませんが、春から秋にかけての土・日曜、祝日などに、一部の特急列車が臨時停車するので、時刻表で確認を。

甲州市民バスを利用しましょう

勝沼地域に「ぶどうコース」「ワインコース」が運行しています。乗車区間に関係なく乗車1回につき300円。ただし便数が多くはないので、事前に時刻の確認が必要です。

甲州市市民課市民協働推進担当
☎0553-32-5068

桃源郷は一宮御坂IC周辺がメイン

春には一帯がピンク色に染まる桃源郷。中央自動車道の一宮御坂IC周辺がもっとも美しいと評判です。鉄道利用の場合は石和温泉駅からタクシーを利用するのが便利です。

問い合わせ先

甲州市観光商工課 ☎0553-32-2111
笛吹市観光商工課 ☎055-261-2034
山梨市観光課 ☎0553-22-1111

甲府盆地の夜景とフルーツの里

山梨市《やまなしし》 P.100

桃やぶどうを使ったスイーツや、甲府盆地の夜景を望む露天風呂などで楽しめる。

ぶどう畑とワイナリーがたくさん
勝沼《かつぬま》

P.84

日本有数のワイナリーが集まるエリア。観光ぶどう農園も点在している。

ピンク色に染まる春の風景
一宮御坂《いちのみやみさか》・石和温泉《いさわおんせん》

P.90

春は桃の花が咲き誇り、桃源郷として有名なエリア。県最大の温泉地もある。

山梨市にある笛吹川フルーツ公園内の桃の花は、その年によりますが、3月下旬に開花し、4月上旬に見ごろを迎えます。

ぶどう畑を一望する
ぶどうの丘へ行きましょう

**勝沼ぶどう郷のランドマーク・ぶどうの丘。
甲州市産ワインが一堂に集まるワインカーヴで、
お気に入りの１本を探してみてはいかがですか。**

ぐるっと回って **180分**

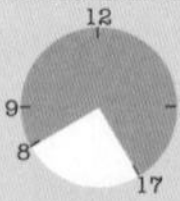

おすすめの時間帯

まずは約130種のワインの試飲が楽しめるワインカーヴを訪れましょう。試飲途中でちょっと休憩してレストランなどへでかけてもOKです。休憩後にまた戻ってきて試飲を再開することもできます。

1 建物の地下にあるワインの貯蔵庫、ワインカーヴ。甲州市産のワインが一堂にそろう 2 売店ではワインやフルーツを使ったお菓子など種類豊富なおみやげを販売 3 地下のワインカーヴとは別に、コイン式で試飲できるワインサーバーも設置 4 小高い丘の上に建つぶどうの丘 5 勝沼でいちばん見晴らしのいい場所にある 6 市内にある約30社のワイナリーのワインが試飲できる

勝沼ぶどう郷のランドマーク

ぶどうの丘 ぶどうのおか

ぶどう畑に囲まれた小高い丘に建つぶどうの丘は、甲州市産ワインが試飲できるワインカーヴをはじめ、温泉やレストラン、ホテルなど充実した施設が評判。甲府盆地や山々を望む絶景スポットとしても知られる。

☎0553-44-2111 ⌂甲州市勝沼町菱山5093 ⓛ施設により異なる 休不定休（施設点検日は休館）
Pあり バス停ぶどうの丘からすぐ MAP103 C-2

試飲容器のタートヴァンを購入して、試飲スタート

A ワイン売店

1階の売店には、甲州市内のワイナリーで造られたワインやブドウ関連のおみやげなどがそろっている。

ⓛ8:00 ～ 20:00

本館には売店や地下ワインカーヴのほか、レストランや展望テラスがある

季節ごとに訪れたいぶどうの丘

桜や桃の花見が楽しめる春、桃やぶどう狩りが楽しめる夏、新酒ワインまつりが開催される実りの秋と何度も訪れたい場所です。

B バーベキュー

甲府盆地を見渡せるテラス席が人気のバーベキュー施設。溶岩プレートでじっくり焼いて味わえる。

🕒11:30 ～ 16:00

肉や野菜などが付いたセットメニューは３種類。2200円～

C 天空の湯

その名のとおり天空から景色を見渡すような露天風呂が評判。pH9.5のアルカリ性温泉で肌もなめらかに。

🕒8:00 ～ 21:00 ¥760円（3時間）

ぶどう畑や甲府盆地が一望できる露天風呂

D 展望ワインレストラン

全面に広がる大きな窓ガラスから、南アルプスまでを見渡せる展望レストラン。夜景も美しい。

🕒ランチ11:00～15:00、ディナー 17:00～20:00

↑窓際は特等席　←ハンバーグランチ2640円のほか、勝沼ワインに合う豊富なメニューを提供

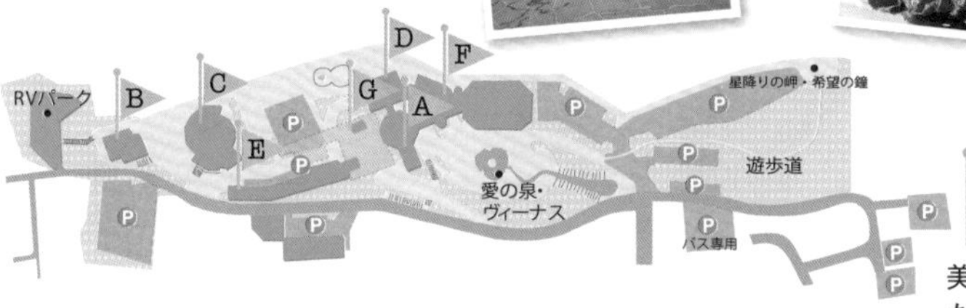

G 展望テラス

美しい景色を眺めながら、ゆったりした時間を過ごせるテラス。ワインサーバーや売店で購入した上質なワインを楽しむのにもぴったり。

テーブルとイスが設けられた展望テラス。甲府盆地や南アルプスなどの山々の景色を眺めて、ワインをいただけば贅沢な時間に

E ぶどうの丘ホテル

洋室のほか、ファミリー用に和室もある。全客室のお風呂は源泉100%の温泉。天空の湯も利用できる。

🕒 IN15:00、OUT10:00
¥1泊朝食付12220円～（シングルコース）

シックな雰囲気のツインルーム。ワインを飲んでゆっくりと

F お食事処「丘庵」

刺身御膳や天ぷら御膳のほか、天ざるなど多彩な和食が味わえる。お座敷にイス席なので、ゆっくりできる。

🕒 11:30～14:30

上質なランチタイムを過ごせる和食処

テイスティング用のタートヴァンは持ち帰ることができます。家でも使ってみては。

とびきりのワインと一緒に楽しむ ワイナリー直営のレストラン&カフェ

勝沼周辺にはたくさんのワイナリーがあります。
ワインを知り尽くしたワイナリーが営むレストランとカフェで、
ワインと料理のマリアージュを楽しんでみませんか。

ランチのアルガ グレーリャ6600円〜。ローストビーフはシェフが目の前で切り分けてくれる。優雅な味わいの樽醸造のアルガブランカ ピッパ1430円を一緒に

1

3

2

1長崎の大浦天主堂をイメージしたゴシック風の店内 2高台に建つ白壁のお洒落な洋館 3前菜に合うアルガブランカ クラレーザはグラス770円

ぶどう畑を見渡す丘の上の欧風レストラン

レストランテ風 アルガ葡萄園直営

‖勝沼‖レストランテかぜアルガぶどうえんちょくえい

教会のようなアーチ型の天井が美しいレストランでは、厳選した旬の素材を使った料理が味わえる。お刺身のようにワサビをのせていただく黒毛和牛のローストビーフが評判で、とろけるような肉と勝沼醸造の甲州ワイン、アルガブランカ ピッパとの相性はぴったり。

☎0553-44-3325 住甲州市勝沼町下岩崎2171
時11:30〜14:30(土・日曜、祝日は11:30〜13:00、13:30〜15:00)、17:30〜20:00、要予約(オフシーズンの平日ランチ以外)
休水曜、不定休あり P あり
徒バス停図書館・文化館から徒歩6分 MAP 103 B-4

Winery

勝沼醸造 かつぬまじょうぞう

質の高いぶどう作りから力を入れている、1937(昭和12)年創業のワイナリー。アルガブランカシリーズで知られ、甲州種を中心に国際的評価の高いワインを醸している。

☎0553-44-0069 住甲州市勝沼町下岩崎371 時9:30〜17:00 休無休
¥テイスティングコース(要予約、〜16:00)1650円(カード購入、追加チャージ550円単位) P あり 徒バス停下岩崎から徒歩5分 MAP 103 A-3

母屋にある売店。築100年の土蔵にはリーデルグラスギャラリーも

ワイナリーの横には小川が流れ、自社圃場のぶどう畑が広がる

甲州種のワインは山梨のワイン

甲州ぶどうは山梨県特有のぶどうとして知られ、ワインにも使われます。甲州ワインは和食にも合うワインとして人気です。

1 メニューゼルコバ5500円の魚介のハーフコース 2 窓からぶどう畑が見える 3 20か月熟成させたルミエールスパークリング甲州。グラスは1650円

“ヤマナシ・フレンチ”を堪能

ワイナリーレストラン Zelkova

‖一宮‖ワイナリーレストランゼルコバ

ぶどう畑に囲まれたルミエールワイナリー併設のレストラン。吹き抜けの天井に暖炉を備えた上質の空間で、富士の介（サーモン）をはじめ山梨の新鮮な素材を使い、フレンチの技法で仕上げた料理がそろう。

☎0553-47-4624（レストラン）／ 0553-47-0207（ワイナリー） 住笛吹市一宮町南野呂624 時11:30～14:00（ディナーは当面の間休み）、売店は9:30～17:30 休火曜（祝日の場合は営業）、売店は無休 ¥ワイナリー見学コース800円／1300円（予約制、要問い合わせ） Pあり 交JR勝沼ぶどう郷駅から車で10分 MAP 103 A-4

Winery

ルミエール

国際コンクールで数々の受賞歴がある、1885（明治18）年創業のワイナリー。日本初の地下発酵槽で仕込んだ伝統の赤ワイン、石蔵和飲がおすすめ。

土蔵カフェで楽しむ
ワインのある優雅な空間

ワインカフェ古壺

‖塩山‖ワインカフェここ

国の登録有形文化財になっている築200年の土蔵を改装したカフェ。落ち着いた空間で、地の素材を取り入れたランチセットや、自家製ケーキなどが甲斐ワイナリーのワインとともに味わえる。

☎0553-32-2032
住甲州市塩山下於曽910
時10:30～15:00（土・日曜、祝日は～17:00）、売店は9:00～18:00 休水・木曜（祝日の場合は営業） ¥ワイナリー見学無料（10名以上は要予約） Pあり
交JR塩山駅から徒歩13分 MAP 102 C-2

1 奥座敷もある 2 かざま甲州白750mlは上品でフレッシュな味わい。グラスは590円 3 ランチセット（2名～、2日前までに要予約）3300円～

Winery

甲斐ワイナリー かいワイナリー

1834（天保5）年に酒造業を創業し、その歴史をとどめる蔵屋敷でワイナリーを設立。日本人の繊細な味覚に合うワインを醸造している。

各レストランにはソムリエがいるので、自分の好みや頼んだ料理にぴったりのワインを相談してみましょう。

ワインのふるさと・勝沼で極上の１本を求めてワイナリーめぐり

日本ワイン発祥の地・勝沼には、現在も約30のワイナリーがあります。ワイナリー見学や試飲を体験すれば、勝沼ワインの歴史や魅力、おいしさの秘密がわかります。

1

2

1日本のワインの歴史を学び、ワインの文化に触れられる **2**ツアー限定でワイン専用品種の畑を見学できる **3お気に入りの1本：**シャトー・メルシャン 玉諸甲州きいろ香(白・750㎖)2900円

過去から未来へ勝沼ワインの魅力を知る

シャトー・メルシャン 勝沼ワイナリー

シャトーメルシャンかつぬまワイナリー

145年以上の歴史を誇るワイナリー。セラーやぶどう畑の見学、試飲もできるワイナリーツアーや、歴史が学べるワイン資料館、限定ワインも購入できるワインギャラリーで楽しめる。

☎0553-44-1011 住甲州市勝沼町下岩崎1425-1 ⏰10:00～16:30 休冬季をはじめ不定期に休業日あり ¥見学無料、ディスカバリーツアー(約90分、要予約)3000円、ワインメーカーズツアー(約100分、要予約)5000円 Pあり 交JR勝沼ぶどう郷駅から車で8分 MAP103 B-3

3

1

2

1垣根式栽培を導入しているワイン専用品種のぶどう畑 **2**瓶貯蔵庫。酒石の付着した壁やステンドグラスにも注目 **3お気に入りの1本：**ルバイヤート甲州シュール・リー 2022(白・720㎖)2310円

ワイン造りに情熱を注ぐ創業130年余の老舗

丸藤葡萄酒工業

まるふじぶどうしゅこうぎょう

ルバイヤートのブランド名で知られる。4代目の大村春夫氏を中心に、ワイン専用品種の垣根式栽培や甲州種のシュール・リー仕込みなど世界に通用するワイン造りを続けている。

☎0553-44-0043
住甲州市勝沼町藤井780
⏰9:00～16:00 休無休
¥見学あり(有料・要予約) Pあり
交バス停釈迦堂入口からすぐ
MAP103 A-4

3

自分好みのワインに出会うには？

ワイナリーや酒店で相談しましょう。普段好んで食べる料理やどんな時に飲むかを伝えて、好みに近いワインを紹介してもらいましょう。

手作りのラベルでオリジナルワインを

1重厚感あふれるレンガ造りのレンガセラーにも注目して 2オリジナルラベル作りも楽しめる 3**お気に入りの1本：**ロリアン勝沼甲州（白・720mℓ）3300円

ロリアンワイン白百合醸造《ロリアンワインしらゆりじょうぞう》

仕込みから醸造、貯蔵を説明してくれる工場見学のほか、オリジナルのラベル作りやボトル詰め体験2750円（要予約）が楽しめる。G7広島サミットではワイナリーのワインが提供された。

☎0553-44-3131 住甲州市勝沼町等々力878-2 ⏰9:00～17:00 休臨時休あり ¥見学無料、スペシャルワインツアー（3コース、60分、要予約）ベーシックコースは2200円 Pあり 🚶バス停等々力公民館前から徒歩5分 MAP 103 A-3

勝沼のぶどうを生かしたワイン造りをめざす

1芳醇な香り漂う樽貯蔵庫
2100年以上の歴史情緒漂う母屋
3**お気に入りの1本：**くらむぼん甲州（白辛口・750mℓ）1880円

くらむぼんワイン

試飲室やワイン資料室のある築100年以上の母屋が長い歴史を感じさせる。勝沼産甲州種を使った年間本数限定の自社畑シリーズ「N」など、ぶどうの風味を生かしたワインが評判。

☎0553-44-0111 住甲州市勝沼町下岩崎835 ⏰9:00～12:00、13:00～16:00 休水曜 ¥試飲1杯20mℓ100円 Pあり 🚶バス停図書館・文化館からすぐ MAP 103 B-3

現存する日本最古のワイナリー

1地下貯蔵庫には長期熟成のワインも 2ぶどう畑に放牧した羊。雑草を食べて畑を耕す。排泄物も肥料になる 3**お気に入りの1本：**ラフィーユ樽甲州（白・750mℓ）2200円

まるき葡萄酒《まるきぶどうしゅ》

明治時代に渡仏してワイン造りを学んだ日本ワインの先駆者・土屋龍憲が創設したワイナリー。ぶどう本来の特性を活かしたワイン造りを行っている。カフェとブルワリーも併設。

☎0120-84-2488 住甲州市勝沼町下岩崎2488 ⏰8:30～17:00 休平日休の可能性あり（HPで要確認） ¥ワイナリーツアー（30分、要予約）無料と有料ツアーあり Pあり 🚶バス停祝8区西組からすぐ MAP 103 A-4

毎年11月には新酒ワインのイベントが行われるのでチェックしましょう。

ぶどう畑から湧き出した石和温泉の宿とカフェでまったり

山梨県最大の温泉地・石和温泉は、1961（昭和 36）年にぶどう畑から湧出した温泉が川に流れ、「青空温泉」として話題となった温泉地。温泉に浸かったり、カフェでスイーツを食べたりとゆっくり過ごしませんか。

石和温泉のさくら温泉通りには名前の通り、用水の両岸に桜並木が続いている

石和温泉駅前公園には気軽に立ち寄れる無料の足湯がある

石和温泉のすてきな宿にSTAY

1クラシカルな雰囲気の大貸切風呂「奥の湯万葉」2ワインをイメージした「露天風呂付き特別フロア 紫雫」3四季折々の食材を使い、五感も満たしてくれる創作料理

創業145年の老舗料理旅館でゆったり

石和名湯館 糸柳 いさわめいとうかんいとやなぎ

旅籠として創業し、石和温泉より歴史ある老舗宿。遊び心のある創作会席料理や豪華な朝食バイキングが評判。自家源泉の温泉や新感覚の薬石浴が癒してくれる。

旅館 ☎055-262-3141
⌂笛吹市石和町駅前13-8
IN15:00 OUT11:00 室和2、和洋36 ¥1泊2食付25000円～
P あり JR石和温泉駅から徒歩4分 MAP 102 A-3

上質な和のしつらいに心落ち着く湯宿

湯めぐり宿 笛吹川 ゆめぐりやどふえふきがわ

自家源泉の湯を掛け流した大浴場と5つの貸切風呂で湯めぐりが楽しめる宿。山梨県内の厳選した旬の食材を使った日本料理は、見た目の美しさにもうっとり。

旅館 ☎055-262-3545
⌂笛吹市石和町川中島1109
IN15:00 OUT10:00 室和6、和洋4 ¥1泊2食付27500円～
P あり JR石和温泉駅から車で5分 MAP 102 A-3

1一番人気の貸切露天風呂「花みたての湯」。箱庭風の演出もすてき 2夕食は一品ずつ供される「会席・さんり」3女性のリピーターに人気の広々とした客室「紫陽花」

一面をピンク色に染める桃源郷

日本一の桃の産地として知られる笛吹市には、約25万本の桃の花があるそう。見ごろは3月下旬から4月上旬。桃源郷を散策してみては。

おいしいスイーツや
ランチのあるカフェへ

1 2種類のフレンチトーストが選べるハーフ&ハーフランチ1650円 2 白を基調としたかわいらしい店内 3 いちごのクリームチーズパフェなど果物を使った季節限定のパフェも人気

ふわぷるの絶品フレンチトースト

フレンチトースト専門店 CAFE LA PAIX 石和温泉店

フレンチトーストせんもんてんカフェラペいさわおんせんてん

バゲットの中心部まで、これ以上染み込まないくらいアパレイユをたっぷり染み込ませたフレンチトーストが評判。プリンのようなふわとろの食感にファンも多い。

カフェ ☎055-209-2286 住 笛吹市石和町四日市場1728-1 営 10:00～17:00 休 不定休 P あり 交 JR石和温泉駅から車で7分 MAP 102 A-3

素材にこだわったプレミアムスイーツ

YATSUDOKI TERRACE 石和

ヤツドキテラスいさわ

「旅館 富士野屋」に併設されたシャトレーゼのスイーツショップ&カフェ。華やかないちごスイーツやケーキのほか、パスタやローストビーフなど食事メニューもそろう。

カフェ ☎055-261-0388 住 笛吹市石和町八田286 営 9:00～20:00（カフェは～19:00） 休 無休 P あり 交 JR石和温泉駅から徒歩20分 MAP 102 A-3

1 グロリアストーチ1650円。いちごのデザートが一年中味わえるのはシャトレーゼならでは
2 ワンカップHO-TO-330円（セット110円）で手軽にほうとうを
3 屋上テラスでもイートインOK

モノトーンのグルメを楽しむ

icci KAWARA COFFEE LABO

イッチカワラコーヒーラボ

老舗の瓦店「一ノ瀬瓦工業」が営むオープンエアのコーヒースタンド。瓦をイメージした名物の竹炭入りの黒いカフェラテやホットサンドは、スタイリッシュな一品。瓦を使ったセンスのいい空間や雑貨にも注目してみて。

カフェ ☎055-267-7221 住 笛吹市石和町松本829-4 営 10:00～19:00 休 木曜 P あり 交 JR石和温泉駅から徒歩15分 MAP 102 A-3

1 カフェラテの瓦ラテ570円、ハムチーズホットサンド630円
2 キャンプのような雰囲気でスペシャルティコーヒーが飲める
3 瓦のプレートで提供される本日のバタートースト530円～

桃の花が咲く時期には、八代ふるさと公園や花鳥の里スポーツ公園などで「桃源郷春まつり」が開催されます。

フルーツ王国・山梨で旬のフルーツを収穫しましょう

フルーツの香りに誘われて、いざ山梨へ。
好みや目的に合った農園を探して、
おいしいフルーツ狩りにでかけましょう。

ぶどうと桃は日本一の生産量です

巨峰《きょほう》
8月中旬～ 10月上旬

大粒の黒い実が特徴的で、味は濃厚でジューシー。なかでも山梨市牧丘町の巨峰が有名。

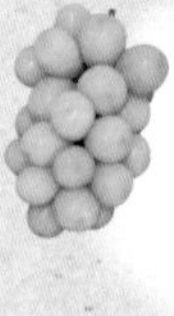

シャインマスカット
8月中旬～ 9月下旬

種がなく、皮ごと食べられる大粒の高級ぶどう。ジューシーで上品な甘さが人気。

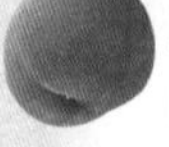

日川白鳳《ひかわはくほう》
6月下旬～ 7月中旬

山梨市で誕生した桃で、県内で主力の品種。果汁たっぷりで糖度も高め。

黄金桃《おうごんとう》
8月上旬～ 9月上旬

黄金色の美しい桃。マンゴーのような南国風の味わいで、濃厚な甘さがある。

フルーツ狩りQ&A

予約や問い合わせは必要？

予約なしでも対応可能な農園もありますが、収穫時期は天候によって左右されたり、旬の時期の混雑具合や雨天の対応も異なるので事前に確認しておきましょう。

料金はどうなっているの？

基本的に料金形態はもぎ取り食べ放題と買い取りの2つ。農園によって料金や条件が異なるので、合うところを探してみましょう。また、「試食無料」は好みの種類を見つけるための味見なので、食べ放題とは異なることを忘れずに。

準備していくものは？

手ぶらでOKです。自前の袋はトラブルの原因になるので避けましょう。服装は動きやすいものを。虫刺されなどがあるので長袖に足元はスニーカーなどがおすすめです。

取材協力：JAフルーツ山梨

生食用とワイン用ぶどうの違いとは？

果樹園で楽しめる大粒ぶどうや種なしぶどうは、生食用に開発されたもの。ワイン用のぶどうは小粒で種も大きく、糖度が非常に高いです。

フルーツ狩り旬カレンダー

	1月	2月	3月	4月	5月	6月	7月	8月	9月	10月	11月	12月	
いちご狩り						12月下旬～5月中旬							山梨市を中心に、冬から春にかけて食べられる。
サクランボ狩り							6月上旬～6月中旬						塩山周辺で栽培され、品種は佐藤錦、高砂、紅秀峰などが有名。
桃狩り				7月上旬～9月中旬									品種は日川、夢みずき、なつっこなど。農園は一宮・御坂（笛吹市）に点在。
ぶどう狩り					7月下旬～11月上旬								勝沼周辺に約130軒のぶどう園がある。巨峰、ピオーネ、シャインマスカットなど多品種がそろう。

甲州市勝沼町や塩山、山梨市、笛吹市一宮町や御坂町は栽培がさかん

サクランボ狩り

宿沢フルーツ農園

‖塩山‖しゅくざわフルーツのうえん

高級なサクランボが味わえる

除草剤を使わず、有機肥料で栽培しているフルーツ農園。佐藤錦をはじめ、紅秀峰や高砂など人気がある高級品種のサクランボをおもに栽培。ほかにプラムやぶどう狩りも楽しめる。

☎0553-39-8581 ⌂甲州市塩山中萩原3183 ⏰6～10月、9:00～16:00（サクランボ狩りは6月1～20日ごろ）㊡期間中無休 ¥サクランボ狩り食べ放題（40分）2500円 Ⓟあり ‼JR塩山駅から車で5分 MAP 102 C-1

桃狩り

見晴し園

‖一宮‖みはらしえん

甘い香り漂う広大な農園

日本一の桃の里、一宮にある広さ3万坪の農園。季節に応じて有機栽培のいちご、桃、ぶどう（巨峰・シャインマスカットなど）、りんご狩りができる。桃は日川白鳳など10種類を栽培。食事も楽しめる。

☎0553-47-2111
⌂笛吹市一宮町土塚240 ⏰8:30～16:00（いちごは9:00～15:00、桃狩りは6月中旬～8月中旬）㊡無休 ¥桃狩り食べ放題（40分）1600円 Ⓟあり ‼JR勝沼ぶどう郷駅から車で10分
MAP 102 B-4

ぶどう狩り

あすなろ園

‖勝沼‖あすなろえん

世界中のぶどうを賞味

桃、ぶどう、サクランボ狩りができる果樹園。ぶどう食べ放題では、シャインマスカット、デラウエア、巨峰のコースのほか、世界のぶどうのコースや新品種コースも人気。食事処も併設。

☎0553-44-1448 ⌂甲州市勝沼町等々力1825-1 ⏰6月上旬～11月下旬、9:00～17:00（ぶどう狩りは7月下旬～11月中旬）㊡期間中無休 ¥ぶどうもぎとり食べ放題（40分）600円～ Ⓟあり ‼バス停等々力公民館前から徒歩6分 MAP 103 A-2

山梨県の新しいオリジナル品種「サンシャインレッド」はこれから注目のぶどうです。

農園が営むカフェで
地の食材を大事にした味に親しんで

豊かな土壌を生かし、土づくりからこだわる農園が広がる土地。
野菜や果物が持つ本来の味に出会えたら体も心も喜ぶはず。
そんなこだわりの味に会いに行きましょう。

農園で自然の恵みに感謝
体も心も癒すバランスのよい食事

農カフェ Couleur クルール ‖一宮‖ のうカフェクルール

桃の里・笛吹市一宮町の大北農園内にある穀物菜食のカフェ。古い養蚕小屋を改装した店内には、雑貨や古道具が飾られ、オーナーのセンスが光る。ここで出されるのは、肉や魚、卵、乳製品など動物性のものは一切使わないマクロビオティック料理。自家菜園で育てた健康野菜など素材そのものの味を十分に堪能できる。玄米や雑穀ごはんにスープ、おかず5～6品が付く彩りプレートがおすすめ。

カフェ ☎0553-47-5899
⌂笛吹市一宮町金田1223（大北農園内）🕒11:30～15:30
休 木曜 Pあり 👣JR山梨市駅から車で15分 MAP 102 B-3

Menu

彩りプレート 1650円
ほうれん草のカレー 1320円
豆のカレー 1320円
車麩のカツ丼 1160円

1ナチュラルな雰囲気の店先
2店名のCouleur（フランス語で彩り）の名がついた大人気のランチ、彩りプレート 3車麩をカツにしたヘルシーなカツ丼 4大北農園の果物を使ったベジアイスクリームは桃など4種類。各630円 5自家製ジャムや焼き菓子はおみやげに
6心地よい雰囲気の店内

ぶどう農家のおもてなし料理

Katsunuma縁側茶房では予約をすればコース料理3000円も味わえます。前菜3品、ピザ、甲州ワインビーフのステーキなどが並びます。

1食感も楽しめるぶどうのパフェは8月下旬～11月限定 2ジャムの販売も 3目の前には藤稔のぶどう畑が広がる。20種類のぶどうを栽培 4縁側のちゃぶ台席が特等席 5ぶどうジュース飲みくらべ900円。その年のぶどうジュース3種が味わえる 6ノスタルジックな雰囲気の古民家 7ぶどうのピザ。旬の3種のぶどうとチーズがぴったり 8趣のある縁側やテラス席でゆっくり

縁側からぶどう畑を眺める週末カフェ

Katsunuma縁側茶房 ‖勝沼‖ カツヌマえんがわさぼう

ぶどう農家の奥様が自家栽培のぶどうや野菜を食べて楽しんでもらいたいと、築150年の自宅の縁側をカフェとして開放。料理はすべて手作りで、ぶどうパフェはアイスやゼリー、ソースまでぶどうづくしの贅沢な一品。桃など季節限定のスイーツや料理もぜひ。

カフェ ☎0553-39-9091 甲州市勝沼町菱山2559 🕓4～11月の土・日曜、祝日、12:00～17:30 休 営業期間以外は事前予約にてコース料理が可能な時期もあり（4～5月、11～3月） Pあり JR勝沼ぶどう郷から徒歩5分 MAP 103 C-2

Menu

ぶどうのパフェ 1300円

ぶどうのピザ 1000円

Katsunuma縁側茶房のある菱山地区は、おいしいデラウエアができる土地としてブランド化しています。

旬の時期だけ出会える贅沢なフルーツスイーツカフェ

山梨市や甲州市はぶどうや桃などフルーツの栽培がさかんです。
そのフルーツのおいしさを知る専業農家や地元カフェが手掛けるスイーツは見逃せません。
ご紹介したスイーツは旬の時期限定なので確認してお出かけを。

1

2

3

4

5

1桃を皮ごと1個以上使ったパフェ、ピーチジュエル1680円（左）。下には桃のジェラートやコンポートもたっぷり。ソレイユ1380円（右）は桃を1個以上切って盛り付け、チョコジェラートを添えたもの 2広いテーブルのある店内 312種類ほど並ぶジェラートシングル450円～ 4ピーチトーストとジェラート750円。桃や桃バター、ジャムの風味がトーストにマッチ 5おしゃれな雰囲気のカフェ
※2024年度のメニューは未定・準備中

桃農家ならではの最旬桃デザート

桃農家カフェ ラ・ペスカ

‖山梨市‖もものうかカフェラペスカ

桃とぶどうの専業農家直営のカフェ。土づくりを大切にし、成長に合わせて大事に育てているモモは約50種類あり、とくに旬の桃を丸ごと使ったパフェが人気。桃そのものを食べているような味わいの手作りジェラートは、品種別に作られているので食べ比べがおすすめ。桃やぶどうのジュースなど加工品も販売している。

☎0553-34-5359 山梨市正徳寺1131-1 6月中旬～9月末、10:00～16:30 休期間中月曜 Pあり JR山梨市駅から車で7分 MAP 102 A-2

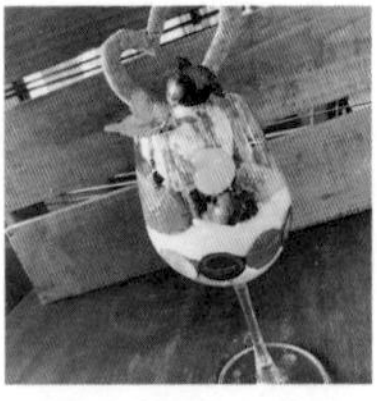

3種のぶどうや幻のアジロンぶどうのジェラートをトッピングした葡萄のパフェ 1450円

勝沼に残るぶどうトンネル

つぐら舎に隣接するわいんと宿 川口園 P.101のぶどうトンネルは勝沼に観光ぶどう園ができ始めた頃からのもの。当時は観光客がそぞろ歩いたり、車が通り抜けた時代もあります。

1桃のパンケーキはドリンク付き1980円 2自家製いちごソースを使ったいちごのクリームソーダ600円 3レトロで居心地のいい店内。雑貨も販売

勝沼の良さを発信するまったりカフェ

まち案内&Cafe つぐら舎 ‖勝沼‖まちあんないアンドカフェつぐらしゃ

観光案内に携わっていた小出順子さんが、裏手のぶどうトンネルを見てほしいとオープンしたカフェ。ふわふわの桃のパンケーキは、地元の桃を丸ごと1個使った贅沢なパンケーキ。ランチもあるのでゆっくり過ごして。

☎0553-39-8915
住 甲州市勝沼町勝沼2997
時 11:00～16:00
休 月曜
P あり
交 バス停勝沼支所から徒歩3分
MAP 103 B-3

112～5月はいちごパフェが登場。いちごソースもたっぷり 2彩りも鮮やかなフルーツワッフル 3眺めのよい店内

絶景カフェで味わう王道のフルーツパフェ

フルーツカフェ ベラヴィスタ ‖山梨市‖

笛吹川フルーツ公園の丘に建つフルーツパーク富士屋ホテル P.101のカフェ。旬のフルーツで盛り付けられたパフェを目当てに訪れる人も多い。さくらんぼ、桃、ぶどう、栗など季節ごとに楽しませてくれる。

☎0553-22-8811（フルーツパーク富士屋ホテル） 住 山梨市江曽原1388 時 9:00～16:30（パフェなど一部メニューの提供は10:30～） 休 無休 P あり
交 JR山梨市駅から車で7分
MAP 102 A-2

桃農家カフェ ラ・ペスカの桃は旬のものをスイーツに使用。その時々で食べ頃の品種の桃を楽しめます。

勝沼周辺の二大フルーツ ぶどうと桃のおいしいおみやげ

全国有数のフルーツ王国・山梨県。
なかでもぶどうと桃は日本一の生産量を誇っています。
果樹園も多い勝沼周辺で本格的なフルーツのおみやげを探しましょう。

A

フルーツサンド
500円～
県産の桃やぶどうをはじめ、旬のフルーツを贅沢に使った人気のフルーツサンド。見た目もかわいらしく、食べ応えもある

B

シャインマスカット
レーズンショコラ
5個入1566円
シャインマスカットとホワイトチョコが口の中でとろけるショコラ。ユーグレナ入りのスポンジ生地はアーモンド風味

A

ジャム 各650円
ドレッシング 各750円
桃やぶどうなど山梨のフルーツで作った、こだわりのジャムとドレッシング。ドレッシングは肉や魚のソースとしても人気

B

黄美娘《きみこ》
ロールケーキ
1944円
黄金桃の一種で黄美娘というめずらしい桃を使ったロールケーキ。まるで南国フルーツのよう

A

マルサマルシェ

‖一宮‖

人気のカフェ＆フルーツサンドショップ。旬の果物を使ったパフェはカフェメニューとしてだけでなく、作って楽しむ体験もできる。

フルーツサンド ☎0553-47-4447 住笛吹市一宮町末木238 ⏰10:00～17:00 休無休（季節休暇あり） Ｐあり 🚶JR石和温泉駅から車で15分 MAP102 B-3

B

葡萄の里

‖石和‖ぶどうのさと

ぶどうなど地元食材を積極的に生かす洋菓子店。職人技が光る自家製レーズンを使ったショコラがおすすめ。

洋菓子 ☎055-263-4866 住笛吹市石和町市部977-26 ⏰10:00～19:00 休日曜 Ｐあり 🚶JR石和温泉駅から徒歩10分 MAP102 A-3

C

桔梗屋東治郎 一宮店

‖一宮‖ききょうやとうじろういちのみやてん

銘菓「桔梗信玄餅」で知られる桔梗屋の桔梗信玄餅工場テーマパーク内にある直営店。敷地内にはカフェやお菓子のアウトレットもある。

和洋菓子 ☎0553-47-3708 住笛吹市一宮町坪井1928 桔梗信玄餅工場テーマパーク内 ⏰9:00～17:00 休無休 Ｐあり 🚶JR石和温泉駅から車で10分 MAP102 A-3

品種も豊富なフルーツみやげ

「ぶどう」だけでなく、巨峰やシャインマスカット、甲州と品種名も書かれたおみやげがあります。フルーツ王国ならではですね。

C

信玄軍配
シャインマスカット
5個入800円
バターたっぷりの軍配形のサブレに、県産のシャインマスカットを練りこんだギモーヴをサンド

E

100%
葡萄果汁赤・白
720㎖ 各1188円
赤はコンコード、白はマスカットを使用した無加糖の100%ぶどうジュース。濃厚でぶどうを感じる

F

農家のジェラート
1個 450円～
桃農家が作る、おいしさがぎゅっと詰まった贅沢なジェラート

シャインマスカット
クリームどら焼
1個194円
甲州産シャインマスカットの香りが漂う風味豊かなクリームと、つぶし餡を挟んだどら焼き

C

D

月の雫
20個入り1200円
専用に作ってもらった甲州ぶどうに砂糖蜜をコーティングしたお菓子。砂糖とぶどうの酸味が合う

G

ぶどうスパークリングジュース
200㎖ 870円（左）
ぶどうジュース　720㎖ 各1750円
ぶどう農家が甲州などのぶどう果汁100%で作るジュース。果汁100%のスパークリングは珍しいのでおすすめ

D

岩間ベーカリー

‖勝沼‖いわまベーカリー

手作りの月の雫が評判の菓子店。9月初旬から1月まで、ご主人が温めた砂糖蜜に1粒ずつ生の甲州ぶどうをつけて作っている。

洋菓子 ☎0553-44-0215 住甲州市勝沼町勝沼3025 時8:00～20:00 休無休 Pあり バス停中央公園入口からすぐ MAP103 B-3

E

蒼龍葡萄酒

‖勝沼‖そうりゅうぶどうしゅ

1899（明治32）年創業の草分け的ワイナリー。甲州ワインの辛口に力を入れ、国内のワインコンクールで数々の賞を受賞している。

ワイナリー ☎0553-44-0026 住甲州市勝沼町下岩崎1841 時9:00～17:00 休無休 Pあり バス停阿部医院前から徒歩5分 MAP103 B-3

F

桃農家カフェ ラ・ペスカ

‖山梨市‖もものうかカフェラペスカ

桃農家が経営するカフェで販売。

詳細は P.96

G

Katsunuma縁側茶房

‖勝沼‖カツヌマえんがわさぼう

ぶどう農家の縁側カフェで販売。

詳細は P.95

秋冬限定の甲州銘菓「月の雫」は、江戸時代に生ぶどうが蜜煮鍋に偶然落ちてできたお菓子と言われ、今に伝わっています。

眺望を楽しんだり、ほっこりしたり 勝沼周辺の日帰り温泉と宿

**快適な旅には、いい温泉といい宿が必要です。
勝沼をめぐる途中で立ち寄りたい日帰り温泉施設や
ワインや眺望に癒されるこだわり宿をご紹介します。**

海抜700mの天空の湯船から日本一の富士を望む

ほっこたらかし温泉 あっちの湯・こっちの湯 ‖山梨市‖ ほったらかしおんせんあっちのゆこっちのゆ

正面に霊峰富士、眼下に甲府盆地を望む絶景の露天風呂で知られる日帰り温泉。あっちの湯、こっちの湯と2つの施設とも開放感いっぱい。日の出1時間前から夜遅くまで入浴できるので、新日本三大夜景の甲府盆地や雄大な富士の日の出を楽しんで。

日帰り湯 ☎0553-23-1526 ⌂山梨市矢坪1669-18 ⏰日の出1時間前～21:30（詳細要問合せ）
休無休 ¥900円 Pあり 🚶JR山梨市駅から車で10分 MAP 102 A-2

1冬の朝には雲海に浮かぶ富士山の絶景が眺められるチャンスもある、あっちの湯 2ひなびた風情が魅力のこっちの湯 3お風呂上がりは絶景の展望テラスへ

7種のお風呂と3つのサウナが楽しめる

みさかの湯 ‖御坂‖ みさかのゆ

御坂町の特産・バラをテーマにした温泉施設で、露天風呂や寝湯、打たせ湯、サウナなど多彩にそろう。毎週月曜には、低温サウナがハーブの香るサウナになる。ローズガーデンも併設。

日帰り湯 ☎055-261-6166 ⌂笛吹市御坂町成田2200 ⏰10:00～21:30（閉館は22:00）休第2・4火曜（祝日の場合は翌日休）
¥720円（17:00～は520円）Pあり 🚶JR石和温泉駅から車で7分
MAP 102 A-3

1季節のイベントに合わせて色のついたイベント湯も開催
2土・日曜には薬湯湯を開催。打たせ湯は刻みハーブも入った湯に
3 4月末から5月には70種以上のバラが咲く

勝沼エリア周辺の宿事情

勝沼周辺には、ぶどうの丘ホテルP.85のほか、数軒の民宿があるのみ。混んでいるときは、石和温泉や塩山温泉もおすすめです。

四季の眺望を楽しむ絶景の湯

やまなしフルーツ温泉ぷくぷく

‖山梨市‖ やまなしフルーツおんせんぷくぷく

山梨が誇る「温泉」と「フルーツ」を融合させた新しいジャンルの日帰り温浴施設。露天風呂には宝石風呂などがあり、富士山や新日本三大夜景を眺めながらの入浴が人気。館内はピンクや紫色で統一されている。

日帰り湯 ☎0553-23-6026 住山梨市大工2589-13 時11:00～22:30（土・日曜、祝日は10:00～） 休無休 ¥930円（土・日曜、祝日は1100円） Pあり 交JR山梨市駅から車で7分 MAP102 A-2

湯浴みをしながら新日本三大夜景をひとり占め

高アルカリ性の湯でのんびり

甲州市交流保養センター 大菩薩の湯

‖塩山‖ こうしゅうしこうりゅうほようセンターだいぼさつのゆ

大菩薩山系の自然豊かな地にあり、“世界最高級”といわれるほどの高アルカリ性温泉が評判の日帰り湯。ぬるぬるした湯はやわらかで、肌もつるつるに。館内には食堂もある。

日帰り湯 ☎0553-32-4126 住甲州市塩山上小田原730-1 時10:00～20:00 休火曜 ¥620円（3時間以内） Pあり 交JR塩山駅から車で12分 MAP付録④ B-1

気持ちのいい露天風呂。お湯はぬるめだがじっくり温まる

おすすめのやど

ぶどう狩りやバーベキューもできる

わいんと宿 川口園

‖勝沼‖ わいんとやどかわぐちえん

ぶどう狩りができる観光農園に併設する宿。客室からは甲府盆地の夜景とぶどう郷の景色が一望できる。富士桜ポークの鉄板焼きと豊富にそろう地元産ワインを楽しめる。

民宿 ☎0553-44-2061 住甲州市勝沼町勝沼2890-1 時IN15:00、OUT10:00 室和2、洋3 ¥1泊2食付9900円～ Pあり 交バス停ワイン村河川公園前から徒歩3分 MAP103 B-3

1鉄板焼きがメインの夕食はワインとも相性ぴったり 2自園ぶどうのオリジナルワインも好評

ロマンチックな夜景に感動

フルーツパーク富士屋ホテル

‖山梨市‖ フルーツパークふじやホテル

笛吹川フルーツ公園に隣接した丘の上のリゾートホテルで、甲府盆地の眺望が秀逸。和・洋・鉄板焼とそろうレストランでの食事や、天然温泉を引く「万葉の湯」が楽しめる。

ホテル ☎0553-22-8811 住山梨市江曽原1388 時IN15:00、OUT11:00 室和16、洋25、和洋2 ¥1泊2食付22000円～ Pあり 交JR山梨市駅から車で7分 MAP102 A-2

1甲府盆地の夜景が見渡せる高台に建つホテル 2お洒落な雰囲気漂う大人のリゾートホテル

ほったらかし温泉 あっちの湯・こっちの湯では、外はカリッ、中はトロッとした温玉揚げ200円が人気です。

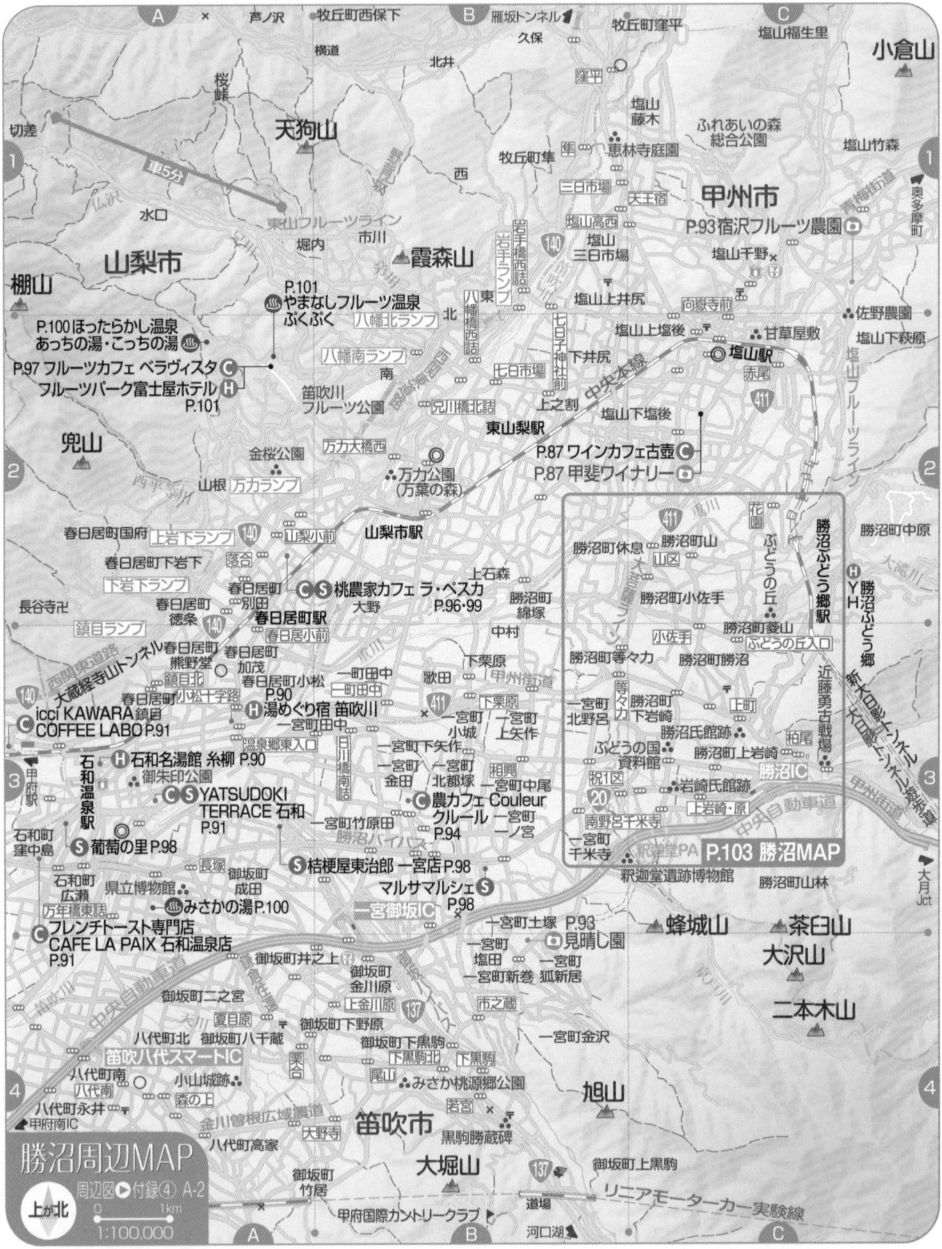
勝沼周辺MAP
周辺図▶付録④ A-2
上が北
0 1km
1:100,000
芦ノ沢
牧丘町西保下
雁坂トンネル
牧丘町窪平
塩山福生里
小倉山
久保
横道
北井
窪平
桜峠
塩山藤木
ふれあいの森総合公園
切差
天狗山
恵林寺庭園
塩山竹森
牧丘町隼
西
車5分
三日市場
天王宿
甲州市
青梅街道
奥多摩町
水口
東山フルーツライン
塩山高西
P.93 宿沢フルーツ農園
市川
岩手橋西詰
岩手ランプ
塩山三日市場
塩山千野
堀内
140
山梨市
霞森山
棚山
P.101 やまなしフルーツ温泉ぷくぷく
八幡橋西詰
東
塩山上井尻
向嶽寺前
佐野農園
P.100 ほったらかし温泉 あっちの湯・こっちの湯
八幡北ランプ
北
七日子神社前
塩山上塩後
甘草屋敷
塩山下萩原
P.97 フルーツカフェ ベラヴィスタ
八幡南ランプ
下井尻
塩山駅
フルーツパーク富士屋ホテル P.101
南
七日市場
赤尾
中央本線
塩山フルーツライン
笛吹川フルーツ公園
兄川橋北詰
上之割
411
塩山下塩後
兜山
東山梨駅
金桜公園
万力大橋西
P.87 ワインカフェ古壺
P.87 甲斐ワイナリー
山根
万力ランプ
万力公園 (万葉の森)
春日居町国府
上岩下ランプ
140
山梨小前
山梨市駅
411
重川
花園
ぶどうの丘
勝沼ぶどう郷駅
勝沼町中原
落合
勝沼町休息
勝沼町山
山区
春日居町下岩下
上石森
大滝川
下岩下ランプ
YH
勝沼ぶどう郷YH
長谷寺
春日居町別田
桃農家カフェ ラ・ペスカ P.96・99
春日居町徳条
大野
勝沼町綿塚
勝沼町小佐手
140
春日居町駅
鎮目ランプ
春日居小前
中村
勝沼町菱山
小佐手
ぶどうの丘入口
西関東道路
大蔵経寺山トンネル
春日居町熊野堂
春日居町加茂
鎮目北
下栗原
勝沼町等々力
勝沼町勝沼
甲州街道
春日居町鎮目
小松十字路
春日居町小松
P.90
一町田中
歌田
近藤勇古戦場
新大日影トンネル
大日影トンネル遊歩道
一宮町北野呂
等々力
勝沼町下岩崎
上町
icci KAWARA COFFEE LABO P.91
湯めぐり宿 笛吹川
411
下栗原
一宮町小城
一宮町上矢作
一宮町田中
勝沼氏館跡
柏尾
甲府駅
温泉郷東入口
一宮町下矢作
ぶどうの国資料館
勝沼町上岩崎
石和温泉駅
石和名湯館 糸柳 P.90
日川橋南詰
一宮町金田
一宮町北都塚
相興
一宮町中尾
勝沼IC
御朱印公園
祝1区
岩崎氏館跡
YATSUDOKI TERRACE 石和 P.91
農カフェ Couleur クルール P.94
一宮町一ノ宮
20
上岩崎・原
中央自動車道
甲州街道
石和町窪中島
一宮町竹原田
勝沼バイパス
南野呂千米寺
葡萄の里 P.98
一宮町千米寺
釈迦堂PA
P.103 勝沼MAP
長塚
桔梗屋東治郎 一宮店 P.98
大月Jct
石和町広瀬
御坂町成田
県立博物館
マルサマルシェ P.98
釈迦堂遺跡博物館
勝沼町山林
みさかの湯 P.100
万年橋東詰
一宮御坂IC
一宮町土塚
P.93 見晴し園
フレンチトースト専門店 CAFE LA PAIX 石和温泉店 P.91
蜂城山
茶臼山
一宮町塩田
一宮町狐新居
大沢山
御坂町井之上
御坂町金川原
一宮町新巻
京戸川
笛吹川
御坂町二之宮
上金川原
137
市之蔵
二本木山
夏目原
御坂町下野原
八代町北
御坂町八千蔵
一宮町金沢
御坂町下黒駒
笛吹八代スマートIC
下黒駒北
下黒駒
八代町南
小山城跡
栗合
尾山
みさか桃源郷公園
八代南
森の上
旭山
八代町永井
金川曽根広域農道
若宮
甲府南IC
笛吹市
大野寺
八代町高家
黒駒勝蔵碑
大堀山
御坂町上黒駒
137
御坂町竹居
道場
リニアモーターカー実験線
甲府国際カントリークラブ
河口湖

勝沼MAP
周辺図▶P.102
上が北
0 300m
1:30,000
甲州市民バス（ぶどうコース）
甲州市民バス（ワインコース）
両コースとも、山区交差点〜塩山駅間は平日のみ運行
塩山駅
甲州市街
大月駅
大月
大月Jct
甲府
一宮御坂IC
勝沼IC
釈迦堂PA
中央自動車道
勝沼バイパス
中央本線
新岩戸トンネル
新大日影トンネル
大日影トンネル遊歩道
徒歩10分
山梨市
甲州市
笛吹市
東後屋敷
光福寺
妙正寺
清水橋
清水橋西詰
法伝寺
西広門田橋
重川
大善寺
マンズワイン
くろがねや前
勝沼町山
八幡神社
山区
大塚橋
山交差点西
勝沼町休息
正覚坊
丹沢園
休息山立正寺
福祉センター入口
勝沼健康福祉センター
穴田橋
山上野集会場
立正寺
花園
千将寺
P.84 ぶどうの丘
P.84 ワイン売店
P.85 展望ワインレストラン
P.85 バーベキュー
P.85 お食事処「丘庵」
P.85 ぶどうの丘ホテル
展望テラス
P.85
新赤坂橋
赤坂
全応院
中原寺
岩戸観音
青苔寺
金刀比羅宮
第3駐車場前
ぶどうの丘
通神社
古宮太神
古宮神社前
三光寺
菱山小
菱山局
菱山3区集会場前
福泉寺
御所天神堂
勝沼ぶどう郷
勝沼ぶどう郷駅
四季の里団地
四季の里
望月医院前
子安橋北
東雲小
小佐手
錦城葡萄酒
天空の湯
P.85
綿塚
田草川橋
田草川
子安橋
子安橋北詰
横落
勝沼町小佐手
天神社
飯綱神社
ハーブ庭園旅日記
勝果園
東漸橋
東漸院
サンマート
小佐手
伏木橋
日休入口
ぶどうの丘入口
ぶどうの原団地
大久保園
大石神社
P.93 あすなろ園
等々力北
万福寺
甲州市
勝沼病院
甲楽園
Katsunuma
縁側茶房
P.95・99
ナーシングセンター
専立寺
報恩寺
万福寺入口
等々力
等々力公民館前
地域総合局入口
池田医院前
勝沼支所
勝沼
勝沼中
勝沼体育館
勝沼町勝沼
泉勝院
原茂園
石和温泉
スタンド前
アサヤ
西嶋石油
等々力四つ角南
中央公園
ロリアンワイン白百合醸造 P.89
P.97
まち案内&Cafe
つぐら舎
岩間ベーカリー P.99
中央公園入口
勝沼町菱山
シャトー勝沼
勝沼町等々力
勝沼小
横町
徳本寺
永久堂
わいんと宿 川口園
P.101
P.88
勝沼小入口
旧田中銀行前
上行寺
一宮町北野呂
シャトー・メルシャン 勝沼ワイナリー
ワイン村河川公園前
ぶどう橋
勝沼宿
上町
日川
雀宮神社
宮光園
シャトー・メルシャン
ワイン資料館
ワインギャラリー
祝3区制御室前
蒼龍葡萄酒
P.99
阿部医院前
勝沼氏館跡
祝橋
新祝橋
地蔵堂
一宮町南野呂
勝沼町下岩崎
ぶどうの国文化館
ぶどうの国資料館
祝小
甲斐古園
珠楽園
仁果園
金剛寺
勝沼大橋
山口園前
薬師堂
五所大神社
近藤勇古戦場
柏尾坂公園前
P.86 勝沼醸造
下岩崎
図書館・文化館
くらむぼんワイン
P.89
金盛園
柏尾
大善寺
ルミエール P.87
ワイナリーレストラン
Zelkova P.87
生福寺
延命寺
川崎園
甲斐徳本碑
上岩崎
上岩崎四つ角
上岩崎公園前
太郎橋
柏尾橋
深沢入口
田草川
藤井交差点北
JA直売所
P.86
レストランテ風
アルガ葡萄園直営
岩崎氏館跡
藤井
農協前
上岩崎・原
徳岩院
善昌寺
丸藤葡萄酒工業 P.88
トロワ園
氷川神社
まるき葡萄酒
P.89
祝8区西組
氷川神社前
勝沼町上岩崎
石薬神社
南野呂千米寺
藤井中
釈迦堂入口
金山神社
阿弥陀寺
太神宮
石尊山
一宮町千米寺
勝沼町藤井
釈迦堂
一宮町南野呂
一宮町中尾

河口湖・山中湖・富士吉田・勝沼へのアクセスは高速バスや特急列車などが便利

目的地までの行き方も旅の楽しみのひとつです。
スムーズに移動できる乗り物やルートをチェックして
快適な旅のプランを立てましょう。

東京から河口湖・山中湖・富士吉田・勝沼へ

鉄道の場合、河口湖・西湖・精進湖へは富士急行線河口湖駅、山中湖・富士吉田へは富士急行線富士山駅、勝沼へはJR勝沼ぶどう郷駅が玄関口ですが、バスタ新宿（新宿駅新南口）や東京駅からの高速バスもおすすめです。山中湖へも乗り換えなしで行けます。富士山五合目へは河口湖駅からの路線バスのほか、バスタ新宿（新宿駅新南口）から高速バスで行く方法があります。なお、勝沼ぶどう郷駅と高速バスの勝沼バス停とはかなり離れているので注意しましょう。

どこへ	なにで？	ルート	所要	料金
河口湖へ		**バスタ新宿（新宿駅新南口）**→京王バスほか　毎時1 ～ 4便→**河口湖駅**	1時間45分	2200円
		東京駅八重洲南口・東京駅鉄鋼ビル→JRバス関東ほか　1日13便→**河口湖駅**	1時間55分～2時間25分	2060円
		新宿駅→特急「富士回遊」1日4本→**河口湖駅**	1時間50分～2時間	4130円
山中湖・富士吉田へ		**バスタ新宿（新宿駅新南口）**→京王バスほか　毎時1 ～ 2便→**山中湖旭日丘、富士山駅**	2時間15分（富士山駅1時間50分）	2600円（2200円）
		東京駅八重洲南口・東京駅鉄鋼ビル→富士急バスほか　山中湖旭日丘1日2便、富士山駅1日13便→**山中湖旭日丘、富士山駅**	2時間30～35分（富士山駅2時間～2時間5分）	2390円（2060円）
		新宿駅→特急「富士回遊」1日4本→**富士山駅**	1時間45～50分	4000円
勝沼へ		**新宿駅**→特急「かいじ」（一部あずさ）1日17本→**大月駅**→JR中央本線普通　毎時1～2本→**勝沼ぶどう郷駅**	1時間30分～2時間	3000円
		バスタ新宿（新宿駅新南口）→京王バスほか　1日14便→**勝沼**	1時間25～35分	2000円

※河口湖・山中湖へのバスはすべて富士急ハイランドでも下車できます（ハイランドバスターミナル着）。
※渋谷や横浜発をはじめ、ほかにも河口湖方面への高速バスが運行しています。
※特急「富士回遊」「あずさ」「かいじ」利用の料金は事前料金で算出しています。

乗り換えなしでラクラク

名古屋・大阪からの高速バスもあります

名古屋から
名古屋（名鉄バスセンター）→名鉄バスほか「リゾートエクスプレス」1日1～2便（おもに土・日曜、祝日運行）（富士山駅行き・富士急ハイランド行き）→河口湖駅
4時間20分（夜行便は8時間10分）　4500円

大阪から
天王寺駅（あべのハルカス）→近鉄バスほか「フジヤマライナー」1日1便→河口湖駅
11時間　7700～9700円

ともに富士急ハイランドでも下車できます。

遠隔地からはまず羽田空港や東京駅・品川駅・大宮駅へ

遠隔地からは飛行機で羽田空港へ、または新幹線で品川駅・大宮駅へ。羽田空港からは京急線で品川駅へ、JR山手線外回りに乗り換えて新宿駅へ。大宮駅からはJR埼京線または湘南新宿ラインで新宿駅へ。羽田空港・大宮駅から新宿駅までは30～40分ほどです。

河口湖・山中湖・富士吉田・勝沼
交通マップ

凡例

新幹線　JR在来線　路線バス
私鉄線　高速・特急バス

※鉄道路線の一部や駅は省略しています。バスは主要路線のみを掲載しています。

問い合わせ先

バス

京王高速バス予約センター ……………………… ☎03-5376-2222

富士急コールセンター（東京・新宿～河口湖・富士五湖線） ……………………… ☎0570-022956

JRバス関東 高速バス案内センター ……………………… ☎0570-048905

名鉄高速バス予約センター ……………………… ☎052-582-0489

近鉄高速バスセンター ……………………… ☎0570-001631

鉄道

JR東日本お問い合わせセンター ……………………… ☎050-2016-1600

富士急行線（富士急コールセンター） ……………………… ☎0555-73-8181

時刻や料金の検索に便利なサイト

駅探
https://ekitan.com
乗り換え案内で鉄道や飛行機の時刻・料金が検索できます。本書掲載エリアの大半の路線バスもカバー。

ハイウェイバスドットコム
https://www.highwaybus.com/
中央自動車道経由をメインに、バスタ新宿（新宿駅新南口）、名鉄バスセンター発着などの高速バス検索・予約が可能。

車で行くなら中央自動車道経由でアクセスするのが定番です

**中央自動車道の河口湖IC、東富士五湖道路の山中湖ICと最寄りICがあって便利です。
出発地によっては、東名高速道路経由で、御殿場ICから
東富士五湖道路を経由して河口湖や山中湖、富士吉田へもアクセスできます。**

東京から河口湖・山中湖・富士吉田・勝沼へ

中央自動車道がメインルートになります。中央自動車道の河口湖ICからは東富士五湖道路が直結しています。出発地によっては東名高速道路御殿場ICからのルートも考えられます。なお、中央自動車道東京側起点の高井戸ICには入口がないため、直結の首都高速道路からアクセスするのが一般的です。冬期はスタッドレスタイヤやチェーンなどの用意も忘れずに。

どこへ	なにで?	ルート	所要	料金
河口湖へ		**永福入口→**首都高速・中央自動車道**→河口湖IC→**国道139号ほか**→河口湖**	1時間20分	3310円
		東京IC→東名高速道路**→御殿場IC→**国道138号バイパス→**須走IC→**東富士五湖道路**→富士吉田IC→**県道707号ほか→**河口湖**	1時間35分	3700円
山中湖へ		**永福入口→**首都高速・中央自動車道・東富士五湖道路→**山中湖IC→**国道138号**→山中湖（旭日丘）**	1時間35分	3850円
		東京IC→東名高速道路**→御殿場IC→**国道138号バイパス→**須走IC→**東富士五湖道路**→山中湖IC→**国道138号**→山中湖（旭日丘）**	1時間30分	3160円
富士吉田へ		**永福入口→**首都高速・中央自動車道**→河口湖IC→**国道139号・平成通り・国道137号**→富士山駅**	1時間20分	3310円
		東京IC→東名高速道路**→御殿場IC→**国道138号バイパス→**須走IC→**東富士五湖道路**→富士吉田IC→**県道707号・国道139号・平成通り・国道137号**→富士山駅**	1時間35分	3700円
勝沼へ		**永福入口→**首都高速・中央自動車道**→勝沼IC→**国道20号、県道38号**→勝沼ぶどう郷駅**	1時間20分	3200円

交通情報もチェックしましょう

帰路の高速道路渋滞は時間差で回避しましょう

中央自動車道や東名高速道路は、週末や祝日の午後以降は東京方面への上り線が渋滞しがち。21時以降に河口湖ICや富士吉田ICを出発すれば、渋滞を回避できる可能性が高くなります。ハイウェイラジオやNEXCO各社・日本道路交通情報センターの渋滞情報もこまめにチェックしましょう。

名古屋・大阪からのルート

名古屋や大阪方面から河口湖・山中湖・富士山へは新東名高速道路の新富士ICや新御殿場ICが玄関口になります。
勝沼へは東京方面からと同様に中央自動車道勝沼ICが最寄りとなります。ほかに、中央自動車道甲府南ICや一宮御坂ICから河口湖・山中湖へ向かうという方法もあります。

河口湖・山中湖・富士吉田・勝沼
主要道路マップ

各エリア間の移動の目安は

勝沼～山中湖間は距離約60km、所要55分、
勝沼～河口湖間は距離約35km、所要45分、
山中湖～河口湖間は距離約15km、所要30分、
山中湖～御殿場間は距離約20km、所要35分、
河口湖～朝霧高原間は距離約25km、所要40分。

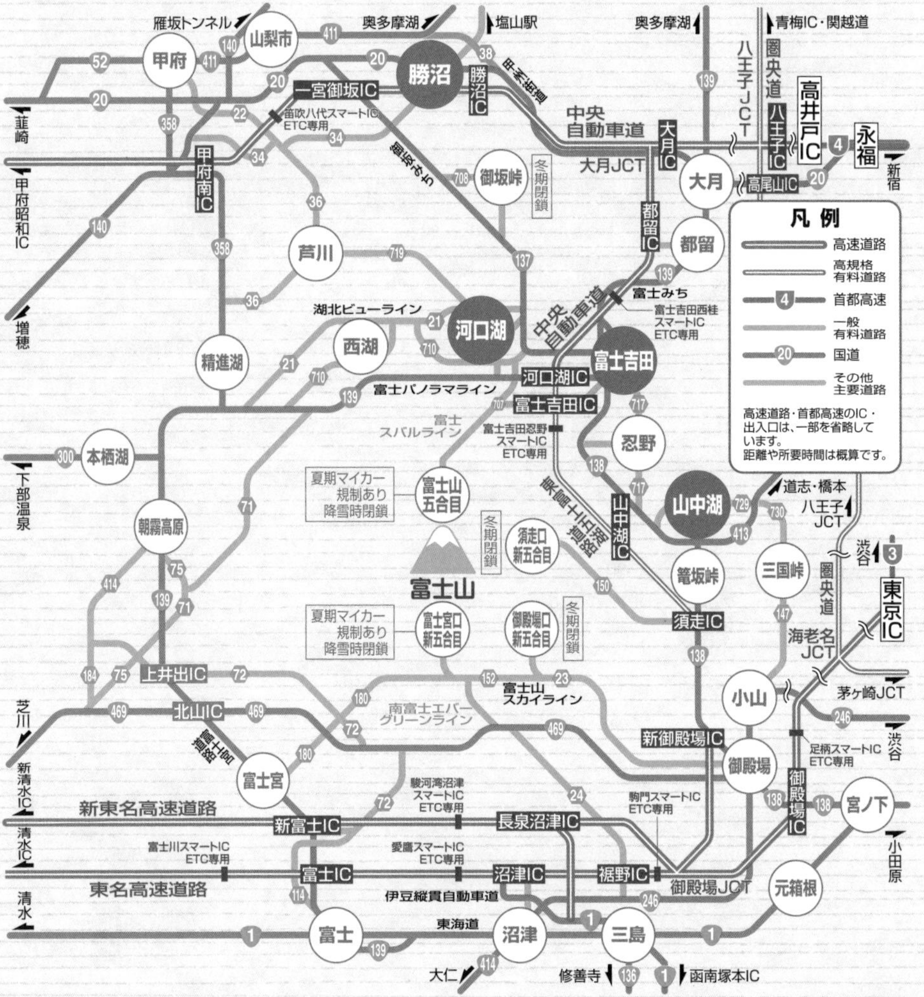

富士山周辺エリアには休憩に便利な道の駅が、朝霧高原、かつやま、なるさわ、富士吉田、すばしりの5か所あります。

index

みどころ Ⓡレストラン Ⓒカフェ Ⓢショップ Ⓗホテル ♨温泉

ま

📷 みどころ　Ⓡ レストラン　Ⓒ カフェ　Ⓢ ショップ　Ⓗ ホテル　♨ 温泉

ことりっぷ co-Trip

河口湖・山中湖
富士山・勝沼

STAFF
●編集
ことりっぷ編集部
細江まゆみ
忠内理絵
●取材・執筆
細江まゆみ
忠内理絵
アイドマ編集室(外岡実)
●撮影
加藤武美、岩堀和彦
刑部友康、清水ちえみ
徳留尚弥、谷川梓、平岡あゆみ
韮谷真紀、滑川薫、坂本浩文、安藤美紀
スタジオ ムーン
●表紙デザイン
GRiD
●フォーマットデザイン
GRiD
●キャラクターイラスト
スズキトモコ
●本文デザイン
GRiD
●DTP制作
明昌堂
●地図制作協力
田川企画
●校正
田川企画
●協力
関係各市町村観光課・観光協会
関係諸施設

2024年7月1日　4版1刷発行

発行人　川村哲也
発行所　昭文社
本社：〒102-8238 東京都千代田区麹町3-1
♪0570-002060(ナビダイヤル)
IP電話などをご利用の場合は♪03-3556-8132
※平日9:00～17:00(年末年始、弊社休業日を除く)
ホームページ:https://sp-mapple.jp/

●掲載データは、2024年3～5月の時点のものです。変更される場合がありますので、ご利用の際は事前にご確認ください。消費税の見直しにより各種料金が変更される可能性があります。そのため施設により税別で料金を表示している場合があります。なお、感染症に対する各施設の対応・対策により、営業日や営業時間、開業予定日、公共交通機関に変更が生じる可能性があります。おでかけになる際は、あらかじめ各イベントや施設の公式ホームページ、また各自治体のホームページなどで最新の情報をご確認ください。また、本書で掲載された内容により生じたトラブルや損害等については、弊社では補償いたしかねますので、あらかじめご了承のうえ、ご利用ください。
●電話番号は、各施設の問合せ用番号のため、現地の番号ではない場合があります。カーナビ等での位置検索では、実際とは異なる場所を示す場合がありますので、ご注意ください。
●料金について、入場料などは、大人料金を基本にしています。
●開館時間・営業時間は、入館締切までの時刻、またはラストオーダーまでの時刻を基本にしています。
●休業日については、定休日のみを表示し、臨時休業、お盆や年末年始の休みは除いています。
●宿泊料金は、基本、オフシーズンの平日に客室を2名1室で利用した場合の1人あたりの料金から表示しています。ただし、ホテルによっては1部屋の室料を表示しているところもあります。
●交通は、主要手段と目安の所要時間を表示しています。ICカード利用時には運賃・料金が異なる場合があります。
●本書掲載の地図について
測量法に基づく国土地理院長承認(使用)
R 5JHs 14-156204　R 5JHs 15-156204
R 5JHs 16-156204　R 5JHs 17-156204

ISBN 978-4-398-15620-4
定価は表紙に表示してあります。